Unterwegs im Blauen Land

25 KULTURWANDERUNGEN IM FÜNFSEENLAND UND PFAFFENWINKEL

Süddeutsche Zeitung Edition

Inhalt

Blaues Land zwischen Ammer und Isar _ 76

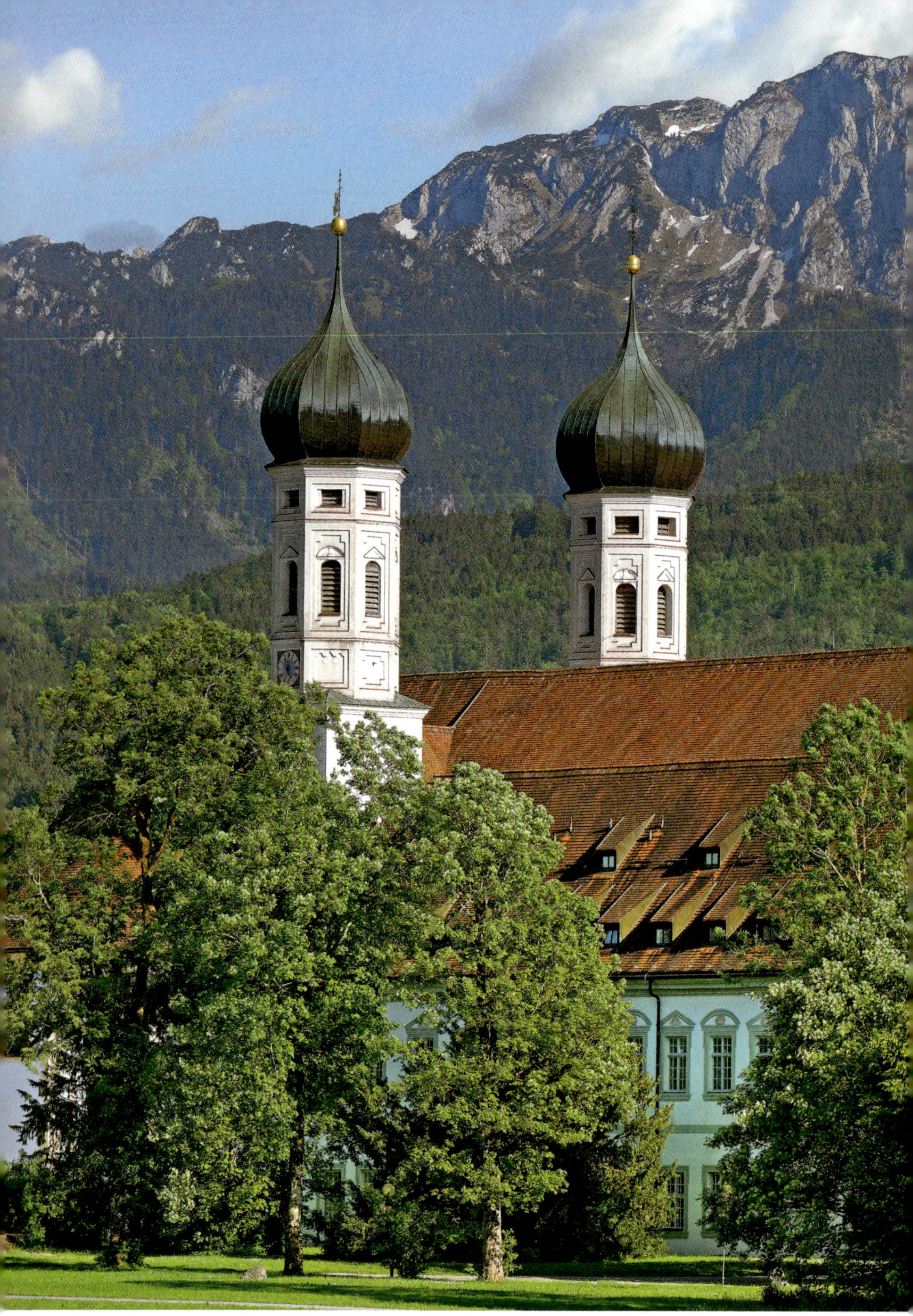

Das Kloster Benediktbeuern vor der Benediktenwand

Fünfseenland und Blaues Land

Diese beiden weithin bekannten Begriffe wurden vor allem durch die Tourismusbranche geprägt. Zum Fünfseenland gehören neben Ammer- und Starnberger See auch Weßlinger-, Pilsen- und Wörthsee; das Blaue Land ist hingegen heute fast gleichzusetzen mit dem Pfaffenwinkel. Der klangvolle Name dieser Gegend wurde einst in Anlehnung an die Künstlervereinigung »Blauer Reiter« kreiert. Von Franz Marc, einem der Mitbegründer dieser Gruppe (s. Tour 22), ist überliefert, dass er über diese Farbe sagte: »Blau ist die einzige Farbe, bei der ich mich wohlfühle.«

Da können wir uns nur anschließen, denn zu kaum einer Gegend südlich von München passt die Farbe Blau besser als zum Voralpenland zwischen Isar, Loisach und Lech mit seinen zahlreichen in der Eiszeit entstandenen Seen. Wer einmal an einem Föhntag das Schauspiel des »blauen Lichts« von Himmel, Bergen, Hügeln und Seen erleben durfte, versteht seine theatralische Wirkung. Es ist ein einzigartiges magisches Zusammenspiel der Landschaft mit den hier heimischen Menschen und der in dieser Region entstandenen und davon stark beeinflussten Kunst. Kein Wunder, dass sich hier besonders viele Künstler niedergelassen hatten: Maler, Dichter, Schriftsteller, Schauspieler und Lebenskünstler ebenso wie zahlreiche Herzöge, Fürsten und Könige, meist aus der Wittelsbacher-Dynastie. Und alle haben ihre Spuren hinterlassen. Begeben Sie sich mit uns auf eine Reise durch Zeit und Landschaft, und lassen Sie uns bei einem Spaziergang oder einer Wanderung diesen Spuren folgen.

Wir wünschen Ihnen viel Freude und schöne Erlebnisse auf allen Kulturwanderungen durchs Blaue Land!

Herzlichst,
Lisa und Wilfried Bahnmüller

Natur und Kultur erwandern

Mit insgesamt 27 Touren durchs Blaue Land und seine Umgebung konnten wir für dieses Buch nur eine kleine Auswahl zusammenstellen. Dabei haben wir bewusst Spaziergänge und kürzere Wanderungen ausgewählt, denn so bleibt noch genügend Zeit, um Museen und Sehenswürdigkeiten zu besuchen oder um Badepausen, die hiesige Gastronomie sowie die wunderschöne Landschaft zu genießen. Einige Touren sind mit dem Überwinden von ein paar Höhenmetern verbunden, andere wiederum führen gemütlich über fast ebene Wege. Egal welches Tempo jeder einschlägt, die Wege sind mit einer guten Grundkondition einfach zu bewältigen.

Eine beste Wanderzeit gibt es für uns nicht – jede Jahreszeit hat ihren ganz eigenen Charme. Praktisch zu allen Touren kann man auch im Winter aufbrechen, wenn es nicht gerade frisch geschneit hat. Nur den Kocheler Felsenweg (Tour 21) sowie den Altlacher Hochkopf (Tour 20) würden wir für die kalte und eventuell eisige Jahreszeit nicht empfehlen. Man sollte aber bedenken, dass gerade im Winter einige der kleineren Museen nicht geöffnet haben, auch die Schifffahrt auf den bayerischen Seen (s. Touren 4, 7 und 21) ist dann eingestellt. Im Gegenzug kann es im Sommer beim Wandern warm werden. Zum Glück gibt es unterwegs oft (aber nicht auf allen Touren) Badeseen – es lohnt sich also, ein Badehandtuch und die Schwimmsachen einzupacken. Man sollte aber immer bedenken, dass es sich dabei um keine Freibäder handelt und keine Badeaufsichten oder Rettungsdienste vor Ort sind; das Schwimmen erfolgt also stets auf eigenes Risiko! Noch dazu gibt es einen großen Unterschied, ob man sich in einem See oder in einem Fluss mit Strömung erfrischen möchte.

Wir haben möglichst exakt die Länge der Wanderungen angegeben. Abstecher entlang der Strecke sind nicht inbegriffen. Als Gehzeit geht man von einer Durchschnittsgeschwindigkeit von drei bis fünf Stundenkilometern in der Ebene aus. Für 300–400 Höhenmeter kalkuliert man ebenfalls eine Stunde Gehzeit ein. Unsere Zeitangaben sind Richtlinien und beziehen sich auf die reine Gehzeit ohne Pausen; für Besichtigungen muss man extra Zeit einplanen.

Eine spezielle Ausrüstung ist für die vorgeschlagenen Touren nicht nötig. Feste Wanderschuhe sind sinnvoll, eine Jacke sollte man auch im Sommer dabeihaben, und natürlich ist ein kleiner Rucksack praktisch, um Getränke und Brotzeit für unterwegs mitzunehmen und die Badesachen unterzubringen. Sehr hilfreich sind im Sommer auch ein Mückenschutzmittel sowie ausreichender Sonnenschutz (Brille, Hut, Sonnencreme). Im Winter gilt es natürlich analog dazu, auf warme Kleidung und Wind- und Wetterschutz zu achten. Auch sollte man immer ein Auge auf die Witterung haben und sich ggf. bei drohendem Gewitter zur Umkehr bzw. zum Abbruch der Wanderung entschließen.

Dringend anzuraten ist es ebenfalls, vor der Wanderung im Internet noch einmal die Öffnungszeiten von Museen und/oder Gasthäusern zu überprüfen. Durch die Coronapandemie hat sich vieles geändert, und bei Fertigstellung dieses Buchs war noch nicht absehbar, ob alle angegebenen Wirtshäuser auch »überleben« werden. Kleines Zuckerl: Bei den einzelnen Touren verraten wir Ihnen auch immer einige unserer Lieblingslokale. Jedoch genauso schön erleben wir ein Picknick im Grünen – das sind meist unvergessliche Momente und bleibende Erinnerungen, und das wünschen wir Ihnen von ganzem Herzen!

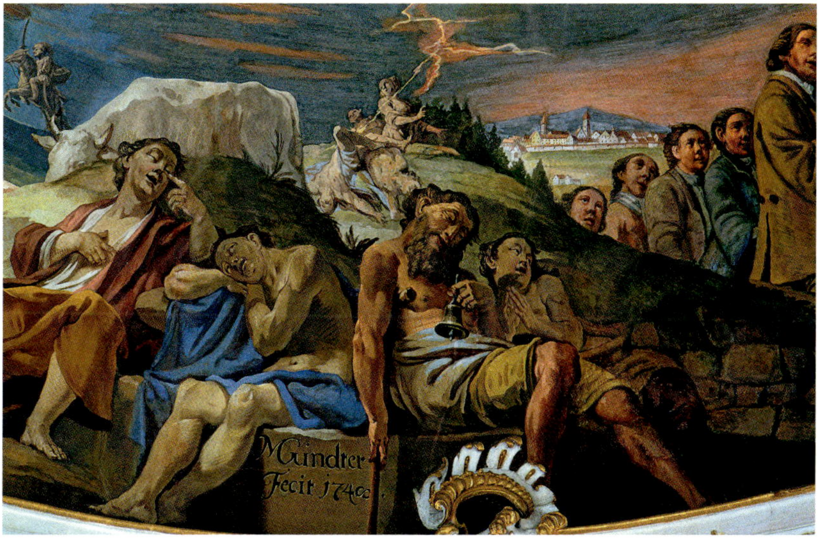

Am Deckenfresko der Wallfahrtskirche am Hohen Peißenberg hat sich der Künstler M. Günther 1748 mit dem Signum »fecit« verewigt.

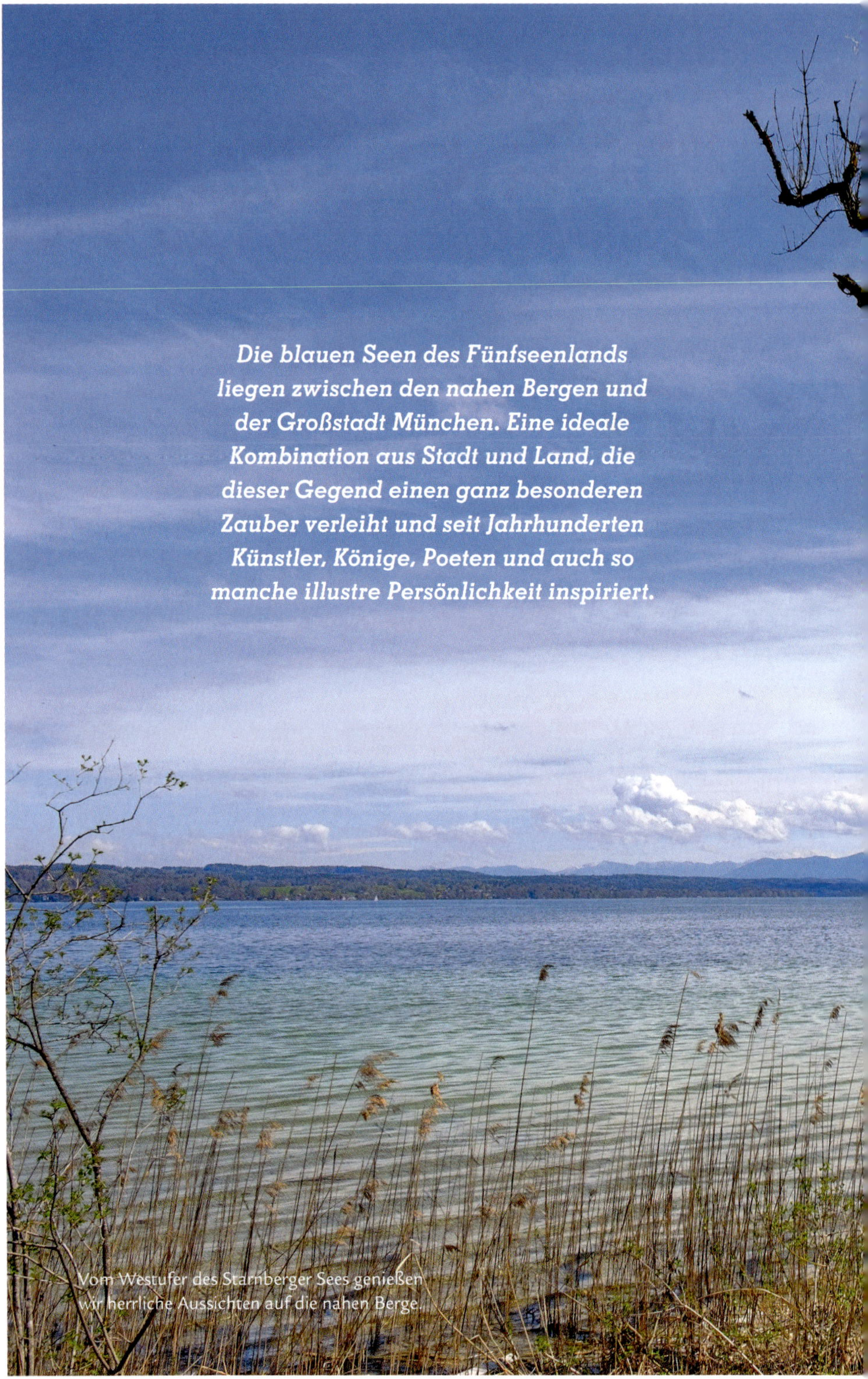

Die blauen Seen des Fünfseenlands liegen zwischen den nahen Bergen und der Großstadt München. Eine ideale Kombination aus Stadt und Land, die dieser Gegend einen ganz besonderen Zauber verleiht und seit Jahrhunderten Künstler, Könige, Poeten und auch so manche illustre Persönlichkeit inspiriert.

Vom Westufer des Starnberger Sees genießen wir herrliche Aussichten auf die nahen Berge.

Fünfseenland

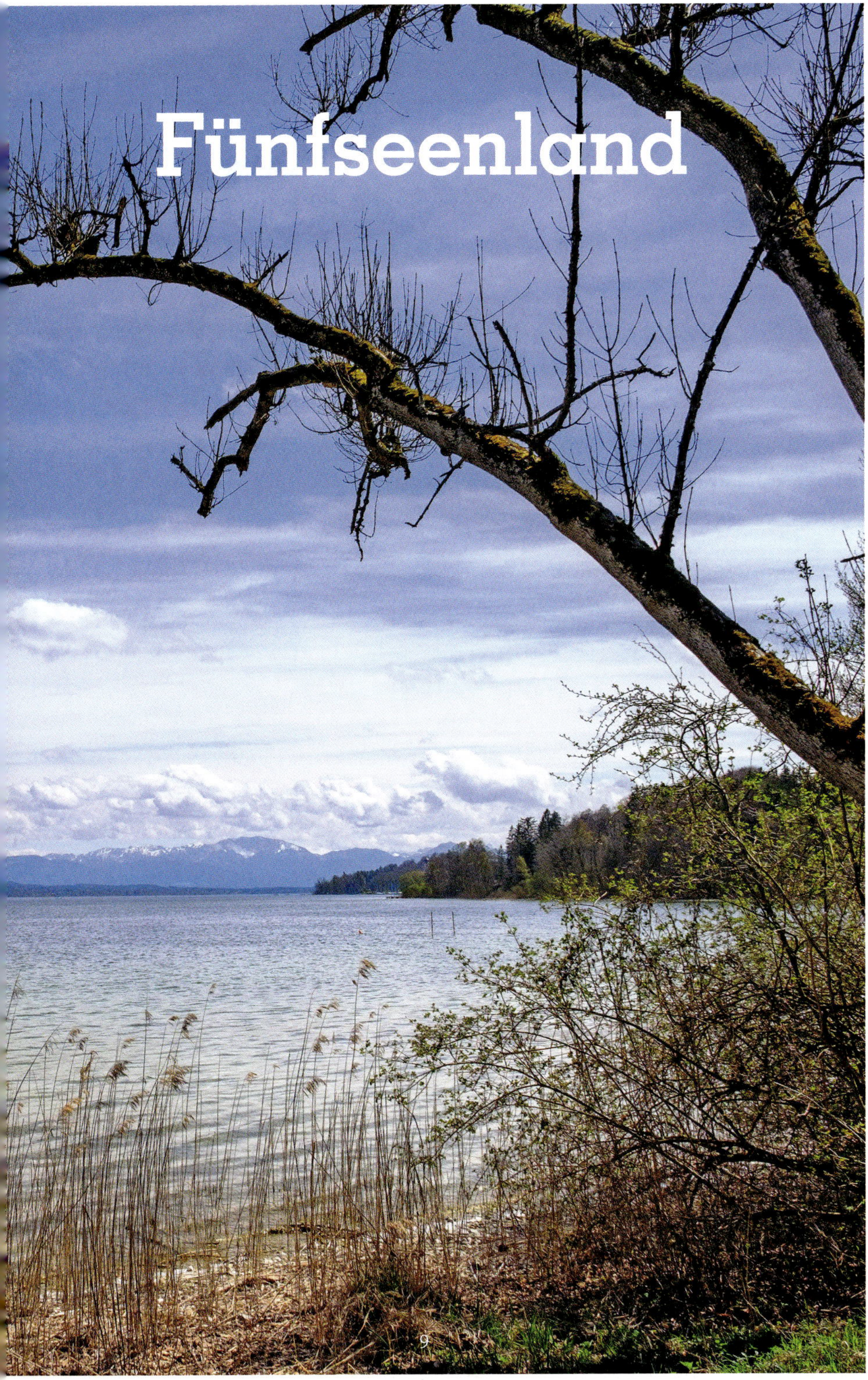

1

Die kleine Schwester der Isar: An der Würm

ZWISCHEN GAUTING UND PLANEGG MIT EINEM BESUCH BEI KARL VALENTIN

Als Münchner Fluss steht die Würm immer ein wenig im Schatten der bekannteren Isar. An den Ufern der Würm lebten und leben jedoch viele Menschen mit ihrer ganz individuellen Geschichte – da wird es höchste Zeit, die Würm und ihre Umgebung zu entdecken.

Mit ihren knapp 40 Kilometern Länge ist die Würm ein Nebenfluss der Isar. Sie nimmt ihren Lauf aus dem Starnberger See, den sie ganz am Nordende bei Starnberg verlässt. Als einziger Abfluss war sie einst so bedeutend, dass der Starnberger See bis 1962 noch Würmsee hieß. Zudem ist nach ihr die letzte große Eiszeit, die Würm-Eiszeit, benannt. Wenn man dann noch weiß, dass die Würm die Wasserspiele am Schloss Nymphenburg speist und den Schlosssee von Blutenburg bildet, tritt sie hoffentlich endgültig aus dem Schatten der berühmten Isar.

So starten wir an der S-Bahn von **Gauting** und wandern vom Bahnhofsplatz die Bahnhofstraße hinunter zur großen Kreuzung an der Brücke über die Würm. Wir queren den Fluss nicht, sondern halten uns auf der Straße links und biegen dann gleich rechts in die Schlossstraße ein. Nach knapp 200 Metern erblicken wir ein wunderschönes funktionstüchtiges historisches **Wasserrad**, das zu einer Papierfabrik gehörte. Früher klapperten an der Würm viele Mühlräder, die aber im Zuge der Industrialisierung heute fast alle verschwunden sind. Wer jedoch die Augen offen hält, kann unterwegs einige Reste erkennen.

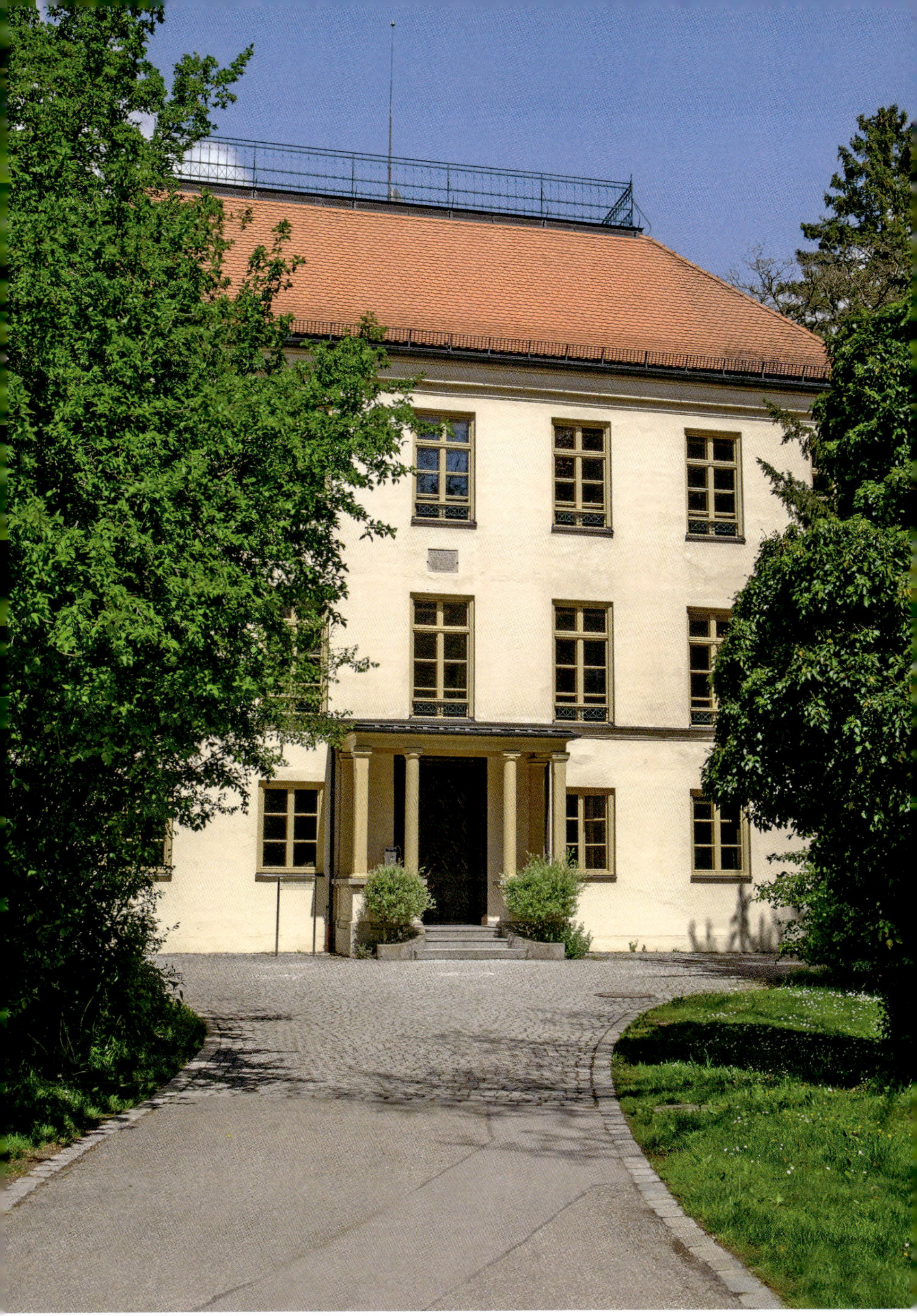

Schloss Fußberg in Gauting ist von einem weitläufigen Park umgeben.

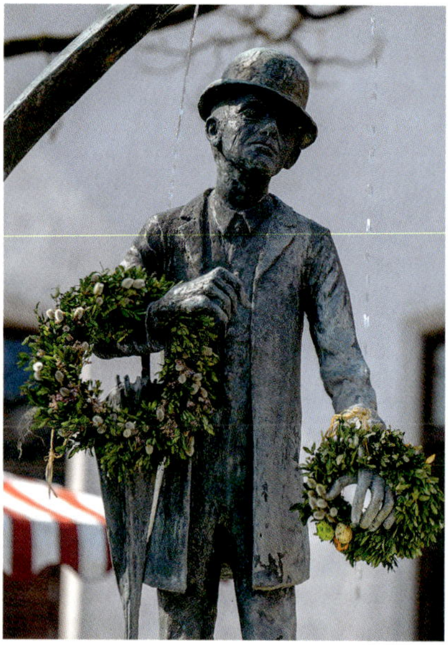

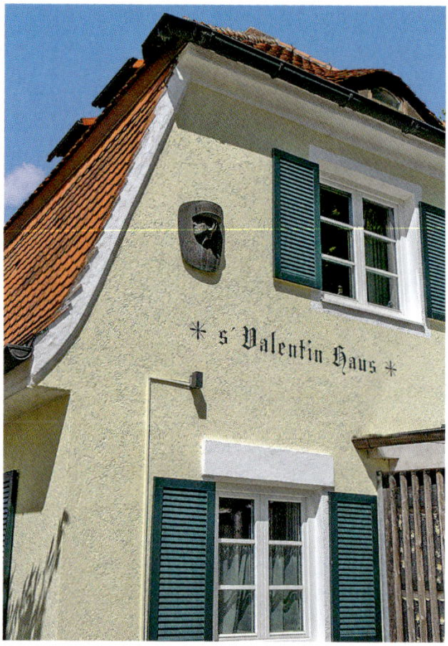

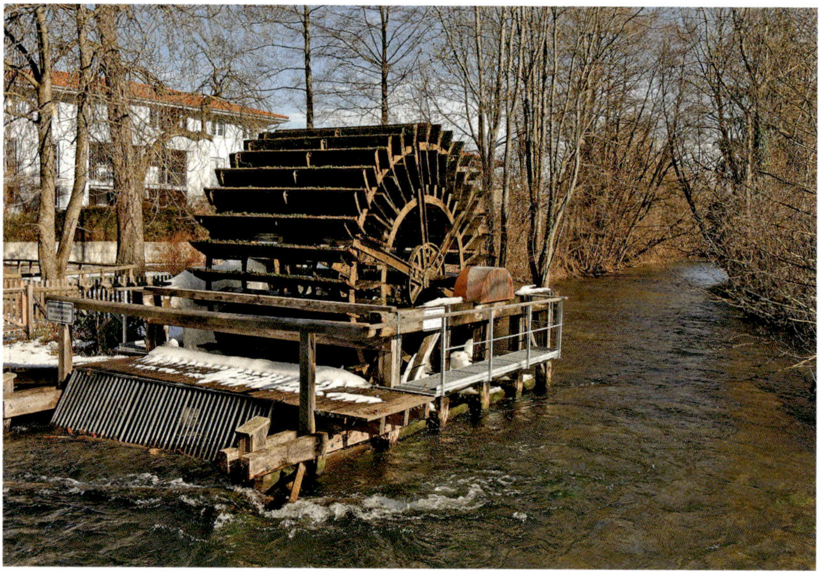

◀ Dem beliebten Volksschauspieler sind in München einige Denkmäler gesetzt, wie der Karl-Valentin-Brunnen am Viktualienmarkt.

▶ Valentins Wohnhaus in Planegg

▼ Gautinger Wasserrad

Am Wasserrad überqueren wir den Fluss und wandern in Flussnähe weiter nach Norden. Der großen Münchner Straße folgen wir für 100 Meter und queren dann erneut die Würm zum **Schloss Fußberg**. An die einstige prachtvolle englische Gartenanlage erinnern heute nur noch die großen mächtigen Bäume und der künstlich aufgestaute Weiher. Das Schloss gehört mittlerweile der Gemeinde Gauting, jedoch findet man unter den einstigen Bewohnern viele illustre Namen, darunter Theodor von Hallberg-Broich, einem exzentrischen, reiselustigen Schriftsteller, Baron Maurice de Hirsch, einem deutschen Unternehmer, der vor allem im Osmanischen Reich tätig war, oder Rudolf Schwanthaler, dem letzten Familienmitglied der bedeutenden Schwanthaler-Bildhauerdynastie.

Unser Weg führt zwischen Remise und Schloss hindurch. Wir umrunden den Weiher ein Stück im Uhrzeigersinn und folgen dann rechts dem Trampelpfad entlang der Würm. Bald sind wir ganz von Natur umgeben und in den wunderschönen Flussauen unterwegs. Knorrige Bäume wachsen quer über das Wasser, malerisch plätschert der Fluss dahin, und an manchen Stellen haben sich kleine Inseln gebildet, auf der sich die Wasservögel sonnen. An einem einsamen Häuschen stoßen wir auf einen breiteren Weg, dem wir nach rechts folgen. Links von uns liegen die **Grubermühler Felder**, Magerwiesen, die als Naturschutzgebiet ausgewiesen sind. Dann stoßen wir auf eine kleine Teerstraße, der wir bis zur **Grubmühle** mit dem Gruber Wehr folgen. Die Grubmühle blickt zusammen mit dem umliegenden Land auf eine lange Geschichte, die bis in die Hallstadtzeit (um 500 v. Chr.) zurückreicht. Im Lauf der Jahrhunderte wechselte sie oft den Besitzer, war aber immer eine Großmühle mit beachtlichen landwirtschaftlichen Flächen. Heute wird die Wasserkraft der Würm zur Stromerzeugung genutzt.

Wir umrunden die Gebäude nach links, dann geht es weiter entlang der Würm durch die Flussauenlandschaft. Diesmal verläuft der Weg auf dem erhöhten Ufer durch den Wald. An einer Brücke erreichen wir in der Waxensteinerstraße die ersten Häuser von **Stockdorf** und nehmen vorerst Abschied vom Fluss. Wir bleiben auf unserer Flussseite, wandern links und dann rechts in die Zugspitzstraße. An deren Ende überqueren wir den Harmsplatz geradeaus in den Mitterweg. Erneut laufen wir an vielen Häusern vorbei, bis wir an der Gaststätte **Kraillinger Brauerei** wieder auf die Würm stoßen. Bevor es weitergeht, können wir hier gut einkehren bzw. auf der anderen Seite der Würm eine Pause am **Linnerbad**, dem kleinen Badeweiher, einlegen.

Das letzte Stück bleiben wir auf der linken Würmseite. Wir spazieren auf der Margarethenstraße vorbei an der von einem Zwiebelturm gekrönten Kirche St. Margarethen und erreichen das Ortsschild von **Planegg**. Das mächtige rosafarbene Planegger Schloss steht auf einer Insel, ist in Privatbesitz und daher leider nicht zugänglich. Unsere Straße mündet in die querende Bahnhofstraße, und nach links kommen wir zurück zur S-Bahn. Vor der Heimreise wollen wir jedoch noch geradeaus einen Abstecher in die Georgenstraße 2 zum **Haus von Karl Valentin** machen.

Valentin Ludwig Fey

Geboren 1882 in der Münchner Au, ist er natürlich weithin unter seinem Künstlernamen **Karl Valentin** bekannt. Nachdem seine Münchner Wohnung im Zweiten Weltkrieg durch Bomben zerstört wurde, zog er nach Planegg und lebte dort bis zu seinem Tod im Jahr 1948. Karl Valentin war Komiker, Volkssänger, Autor, Filmemacher und Sammler, vor allem von historischen Fotografien seiner Heimatstadt München. Seine große Stärke lag darin, Alltagsprobleme aufzugreifen, um sie bis ins Skurrile zu übersteigern und dabei gleichzeitig virtuos mit der Sprache zu spielen. Die »Semmelnknödeln« oder der am Telefon verzweifelnde »Buchbinder Wanninger« gehören heute noch zu den geflügelten Worten aus dem Repertoire des Künstlers. Mit seiner Bühnenpartnerin Elisabeth Wellano, besser bekannt als Liesl Karlstadt, feierte er ab 1916 immer größere Erfolge, ob auf der Bühne oder in seinen Kurzfilmen. Auch zu Bertolt Brecht pflegte er eine lange Freundschaft, die beide in ihrer Arbeit stark bereicherte.

Nach dem Krieg konnte Valentin, im Gegensatz zu anderen Volksschauspielern, nicht mehr richtig Fuß fassen. Sein Grab befindet sich auf dem Planegger Friedhof. Wenn auch bereits 1959 im Isartor das Valentin-Karlstadt-Musäum auf private Initiative hin eröffnet wurde, so begann seine eigentliche Renaissance erst viele Jahre später. Vor allem der nach ihm benannte Orden der Münchner Narrhalla und der Große Karl-Valentin-Preis haben seine überregionale Bekanntheit gesteigert, und heute sind seine Zitate wieder in aller Munde – und einige davon weiser denn je!

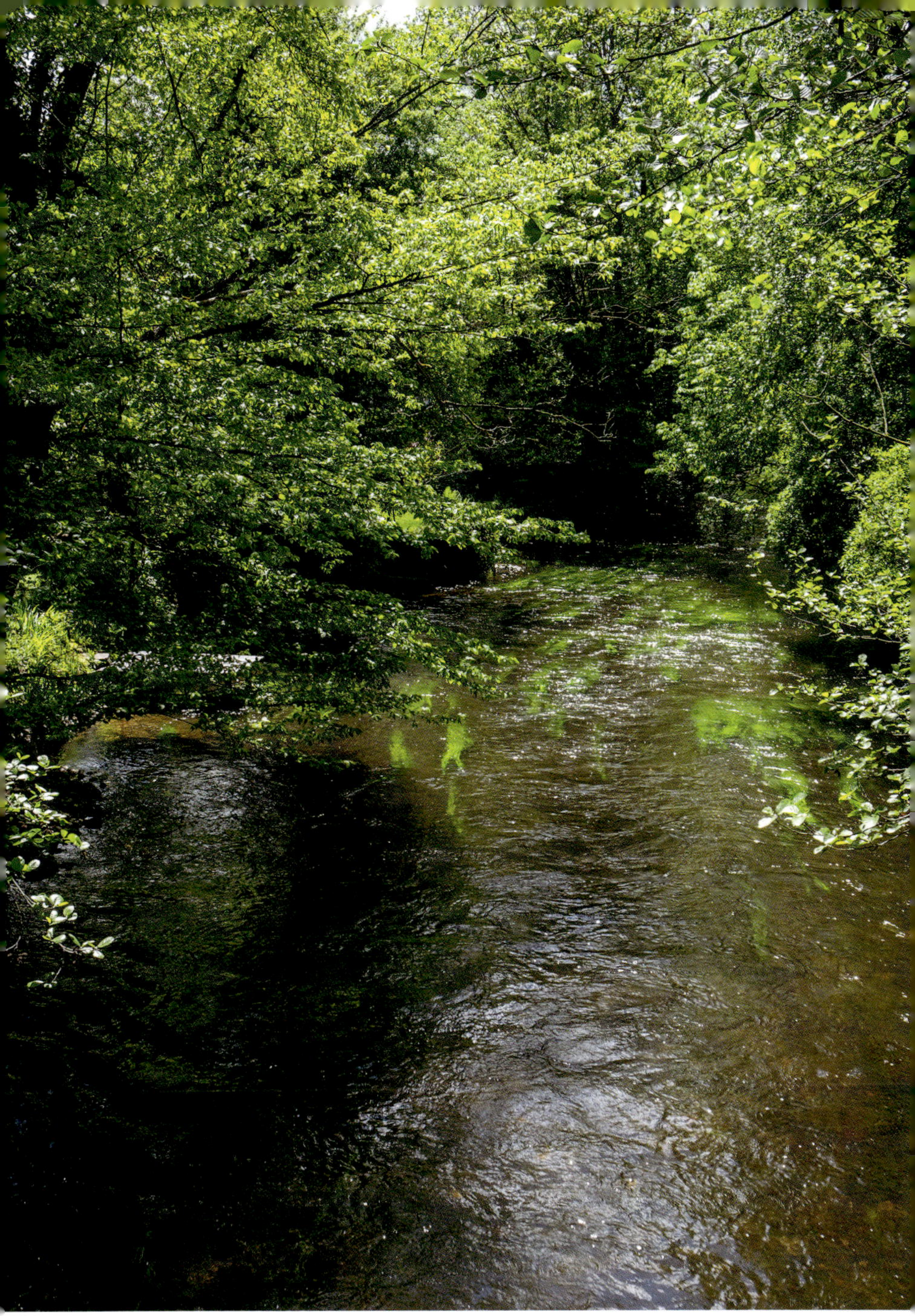

Durch dichtes Grün fließt die Würm bei Gauting.

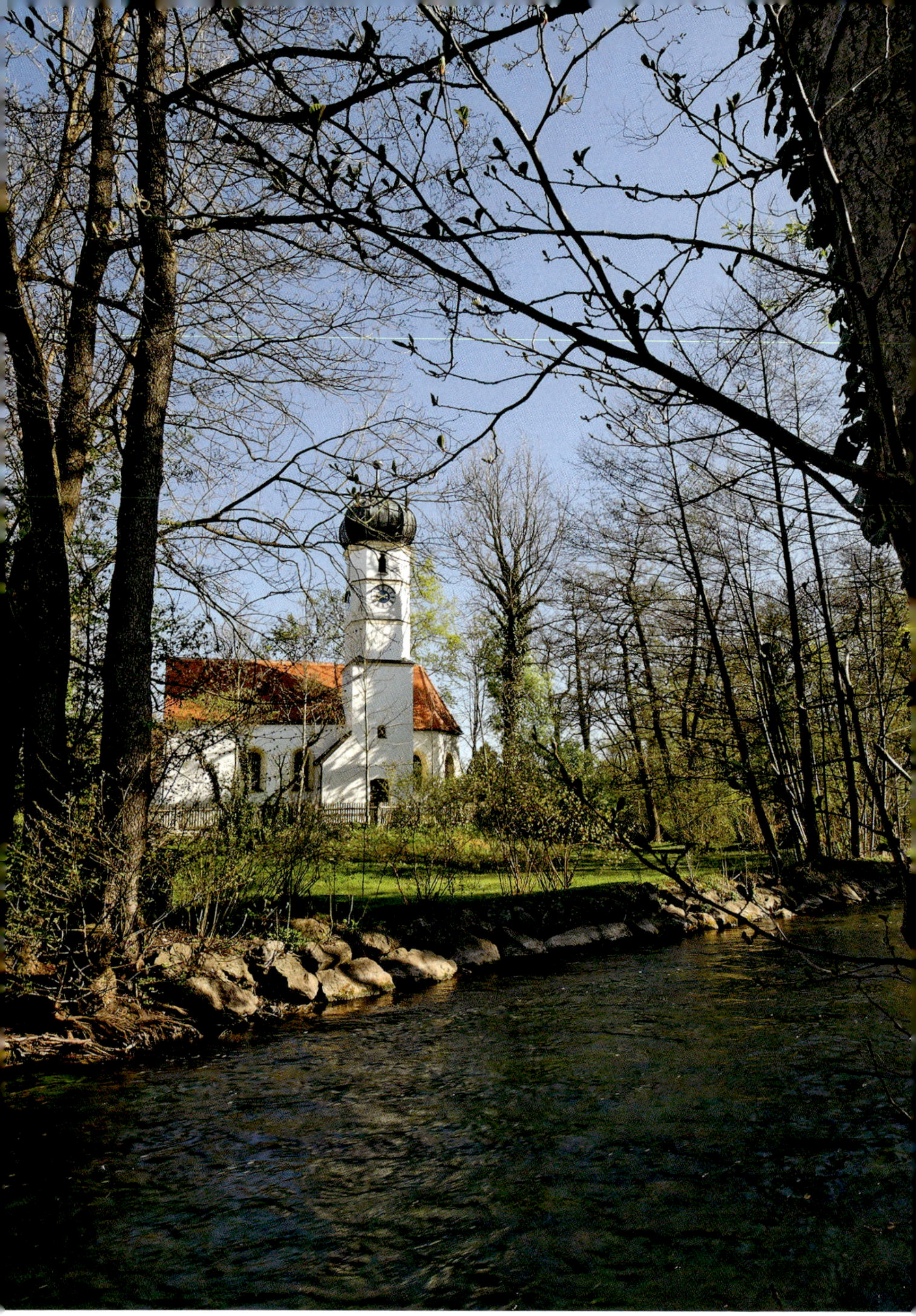

Wer Lust hat, setzt die Wanderung entlang der Würm bis Krailling zur Kirche St. Margareth fort.

Auf einen Blick

AUSGANGSPUNKT UND ANFAHRT

Gauting, S-Bahnhof;
GPS 48.070528, 11.376954
Bus & Bahn: Der Ausgangspunkt ist perfekt mit öffentlichen Verkehrsmitteln zu erreichen, denn die S6 hält am Gautinger Bahnhof. Von Planegg geht es mit der S-Bahn wieder zurück nach Gauting.
Auto: Gauting liegt südwestlich von München, Parkplätze gibt es direkt an der S-Bahn.

GEHZEIT UND SCHWIERIGKEIT

Mit gerade einmal 9 km und fast keinen Höhenmetern ist die Tour einfach in ca. 2.30 Std. zu bewältigen. Sie verläuft vorwiegend auf Flusswegen, nur durch Stockdorf wandern wir auf Ortsstraßen zwischen den Häusern weiter.

NOCH WICHTIG

Offiziell ist das Baden in der Würm verboten. Die fast 30 traditionellen Würm-Bäder, die sich einst wie Perlen entlang des Flusses aneinanderreihten, sind heute fast alle verschwunden. Nur gegenüber vom Planegger Schloss gibt es als einziges noch das Baron von Hirsch'sche Schwimm- und Wellenbad.

EINKEHR

Unterwegs mehrere Möglichkeiten, dabei ist die Kraillinger Brauerei (in der aber kein eigenes Bier mehr gebraut wird) extra eine Erwähnung wert: Der Biergarten liegt fast direkt an der Würm, und das Essen ist sehr schmackhaft (www.kraillinger-brauerei.com).

INFORMATION

www.gauting.de; www.planegg.de

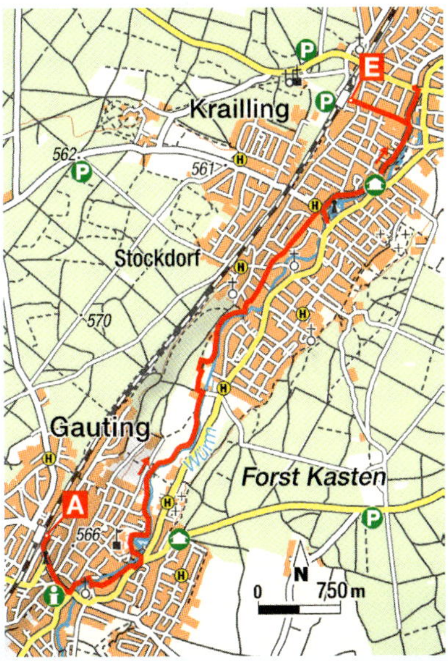

2

Leutstetten und sein Moor

VON RÖMERN, WITTELSBACHERN UND KELTISCHEN GÖTTINNEN

Dieser Spaziergang führt uns durchs Leutstettener Moor und gleichzeitig durch 2000 Jahre bayerische Geschichte, in der sich Römer, Könige und heilige Keltinnen tummeln, über die man anschließend im Biergarten diskutieren kann.

Wir starten in **Leutstetten** an der Kirche St. Alto und halten uns Richtung Osten. So biegen wir gleich rechts in die Wagener Straße ein und spazieren am Schlosspark entlang. Das hinter Bäumen verborgene **Schloss** ist in Privatbesitz und gehört einem Zweig der Wittelsbacher Familie. Es ist daher genau wie der Park für eine Besichtigung nicht freigegeben. Nach etwa 300 Metern halten wir uns rechts in die für Autos gesperrte Straße und bleiben somit am Schlosszaun. Am Ende der kleinen Straße geht es links, an der Siedlung vorbei (geradeaus gäbe es einen romantischen Weg durch das Moor zur Villa Rustica, der jedoch zwischen März und Juli zum Schutz der Wiesenbrüter gesperrt ist). Für unsere Wanderung geht es aber links, an einer Siedlung vorbei. Dann bleiben wir in südlicher Richtung und wandern nun ebenfalls durchs **Leutstettener Moor**. Eigentlich befinden wir uns hier auf Seegrund, denn am Ende der letzten Eiszeit reichte der Starnberger See bis an die Hügel nördlich von Leutstetten. Erst als sich die Würm nördlich vom Ort tiefer in den Untergrund grub, sank der Wasserspiegel des Sees ab, und das Gebiet zwischen Percha und Leutstetten verlandete. Übrig blieben das Moor und die Würm.

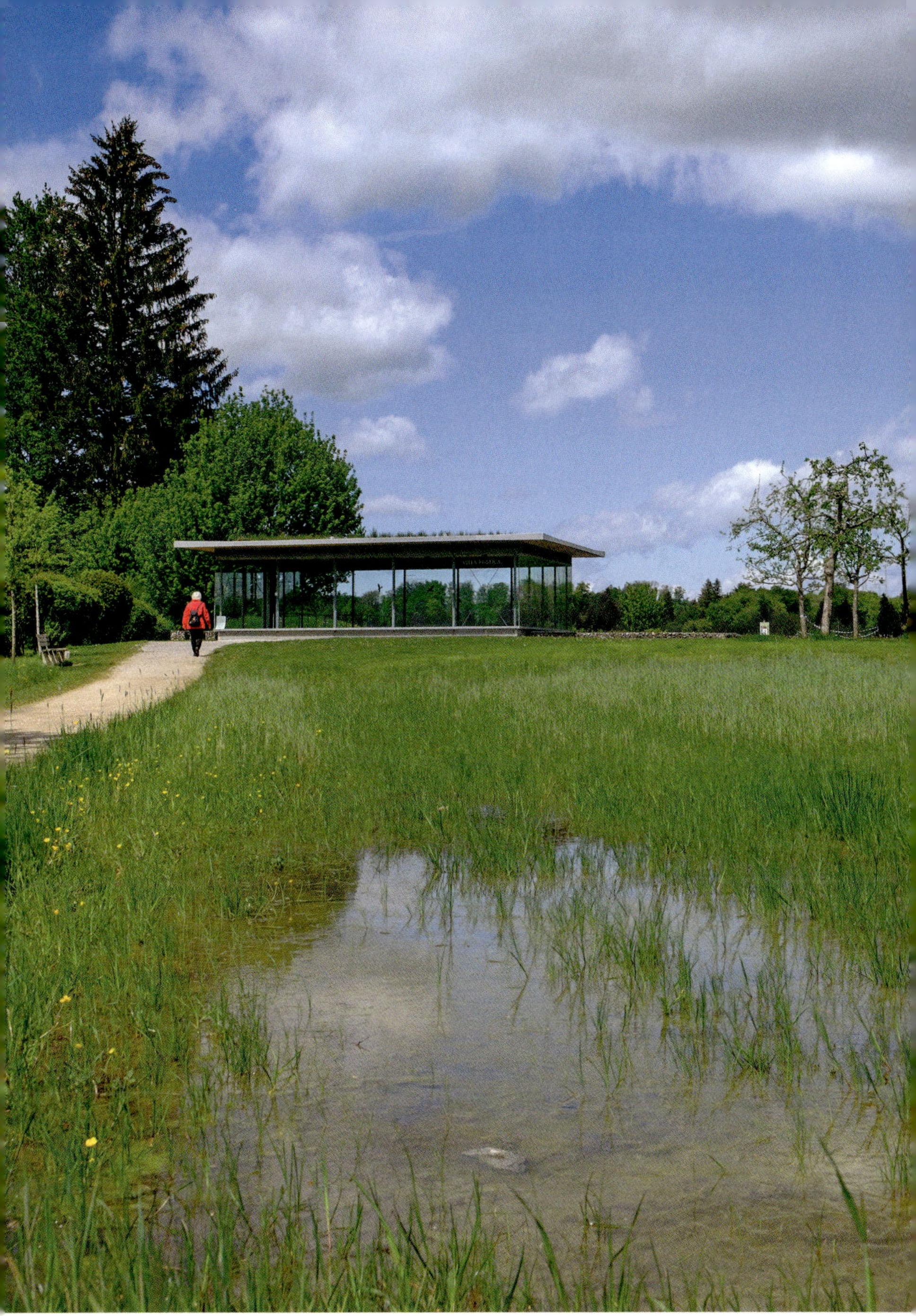

Die Villa Rustica steht mitten im Moor zwischen Starnberg und Leutstetten.

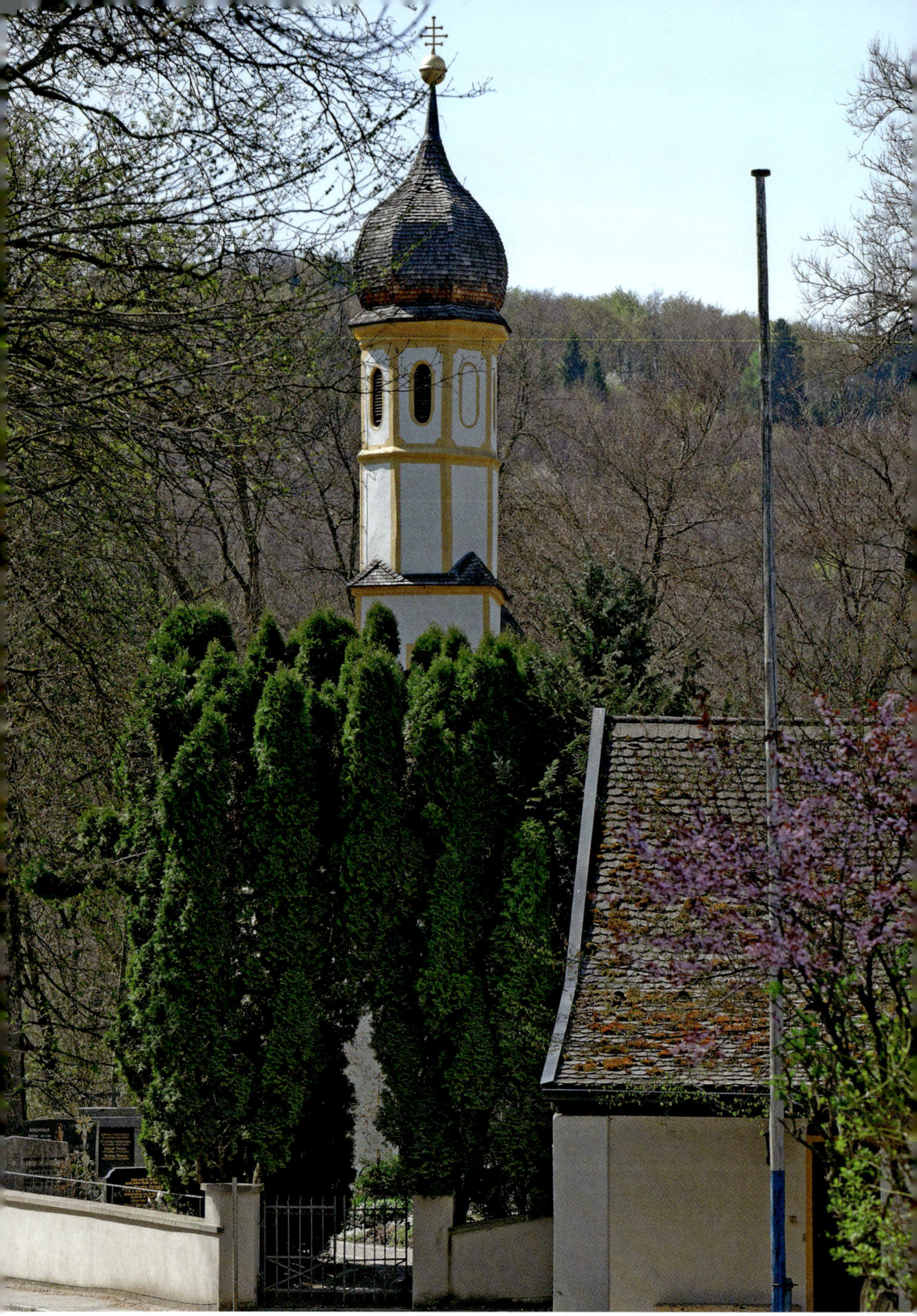

An der Kapelle St. Alto beginnt der kleine Spaziergang.

Bald biegen wir rechts zum Ausgrabungspavillon der **Villa Rustica** ab. 2001 fand man die Grundmauern eines römischen Bauernhofs, den Archäologen als Villa Rustica bezeichnen, als »Haus am Land«. Die Lage des Hofs war geschickt gewählt, denn er stand auf einem flachen Hügel direkt am Ufer des Starnberger Sees, der damals noch bis hierher reichte. Über das Wasser waren die Hofprodukte rasch an die römische Straße geliefert, die von Süden kommend nach Gauting führte. Mit seinen 200 Quadratmetern Grundfläche stand hier zu römischen Zeiten ein stattliches Haus, dem sogar ein Bad mit Boden- und Wandheizung nicht fehlte.

Für den Rückweg wandern wir von der Villa Rustica zum Waldrand und überqueren die Brücke. Dann biegen wir wieder nach Süden ab, bis wir auf eine querende größere Straße treffen. Dieser Wangener Straße folgen wir nach links bis **Wildmoos**, das nur aus ein paar einsamen Häusern besteht. Dort biegen wir links in die schmälere Straße ein und wandern alsdann immer geradeaus durch den Wald. Wo wir wieder eine Straße erreichen, biegen wir auf dieser nach links und sind schnell zurück in **Leutstetten**, unserem Ausgangspunkt.

Schloss Leutstetten und die Bethen

Schloss Leutstetten wurde nach 1550 von Hans Urmiller als Sitz einer Hofmark erbaut. Er entstammte niederem bayerischem Adel und war eine Zeitlang Edelknabe am bayerischen Hof. Die Angaben über ihn sind nicht gesichert, wahrscheinlich wurde er 1555 zum Kämmerer, also Finanzminister, berufen. Ein Jahr später ernannte man ihn zum Hofrat, und so zählte er zum inneren Führungskreis am Herzogshof. Offensichtlich war der Herzog mit seiner Leistung zufrieden, denn zehn Jahre später erhielt Urmiller auch noch das Wirtshaus von Leutstetten und das Bad von Petersbrunn übereignet. Nach seinem Tod verkaufte die Witwe den Besitz; 1875 schließlich erwarb Prinz Ludwig von Bayern, der spätere König Ludwig III., Leutstetten, das seitdem als einer der Lebensmittelpunkte der Wittelsbacher gilt.

Ein weiteres Kleinod in Leutstetten ist die **Kapelle St. Alto** mit ihrem barocken Turm. Die Grundmauern jedoch stammen aus der Zeit der Romanik. Der gotische Seitenaltar mit dem bewegten Pfingstwunder ist ebenfalls eine Erwähnung wert, doch ein Votivbild von 1643 ist die wirkliche Besonderheit der Kapelle: Es zeigt drei Frauen mit Krone, Heiligenschein und Märtyrerpalme;

ein Schriftzug über ihren Köpfen bezeichnet sie als Heilige Ainpet, Gberpet und Firpet, die Stifterin Sibilla Regina von Starzhausen hat sich unter der Gruppe verewigt. Kein offizielles kirchliches Heiligenverzeichnis erzählt etwas von diesen drei Frauen, denn eigentlich sind es als Heilige »getarnte« keltische Göttinnen – sonst wäre das Bild nie in einer Kirche aufgehängt worden. Es sind die **Bethen**, Göttinnen aus der Keltenzeit, die vor allem von Frauen hoch verehrt wurden. Offensichtlich wusste die Stifterin ganz genau, wen sie hier darstellen ließ, wie man an den zahlreichen Symbolen erkennen kann: Das weiße und schwarze Gewand in Verbindung mit dem Pfeil weist auf eine weibliche Personifizierung des Todes hin, hinter ihrem Palmzweig versteckt sich ein Kirsch- oder Birnbaumzweig, das Symbol des gespendeten Lebens, und das Buch wiederum symbolisiert das Wissen der alten Göttinnen. Es scheint, dass sich Regina von Starzhausen in höchster Not, wohl bedingt durch den Dreißigjährigen Krieg, nicht mehr an die kirchlichen Heiligen wandte, sondern sich des alten keltischen Glaubens entsann.

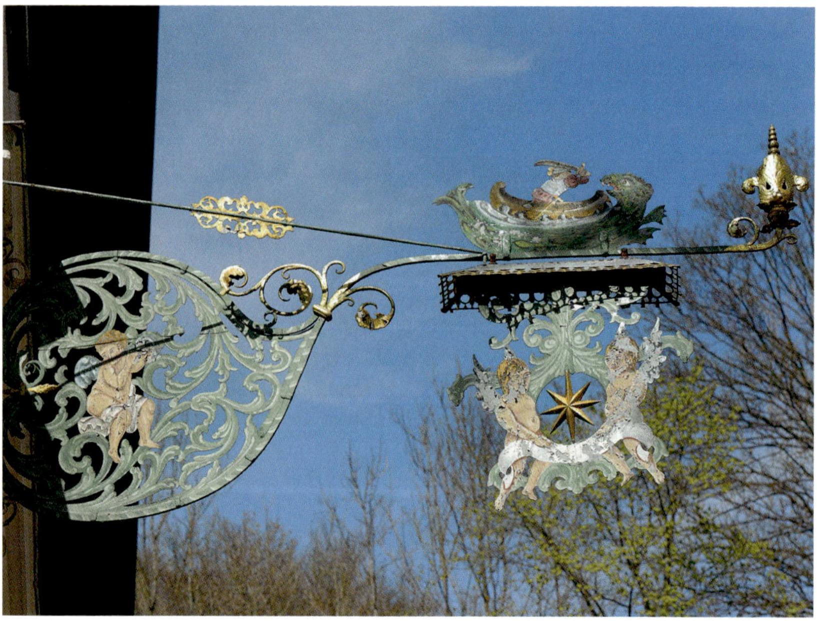

Das Wirtshausschild der Schlossgaststätte Leutstetten wurde 1867 von Moritz von Schwind auf seinem Bild »Hochzeitsreise« verewigt.

Auf einen Blick

AUSGANGSPUNKT UND ANFAHRT

Leutstetten, Kirche St. Alto;
GPS 48.028983, 11.366855
Bus & Bahn: Mit der S6 nach Starnberg und weiter mit Bus 904 nach Leutstetten
Auto: A 95 und A 952 nach Starnberg und weiter Richtung Gauting, in Leutstetten nach der Würmbrücke rechts in den Ort. An der Straße parken, keine Parkplätze ausgewiesen.

GEHZEIT UND SCHWIERIGKEIT

Der 6 km lange Spaziergang ist einfach zu gehen (1.30 Std). Nach Regen können die Wege matschig sein.

NOCH WICHTIG

Der Glaube an Kraftplätze ist bis heute lebendig. Bei Leutstetten, auf der anderen Seite der Würm, entspringen drei Quellen. Die Bäume daneben sind mit bunten Bändern verziert – ein besonderer Platz, den viele Menschen aufsuchen. Auch der Kult um die Bethen hat sich andernorts noch erhalten: In Schlehdorf (s. Tour 21) findet man Ähnliches.

KARLSBURG

Nördlich von Leutstetten steht die Ruine Karlsburg. Übrig sind nur einige Wallanlagen, die aber zeigen, wie mächtig die Burg einst war. Mit ihr wurde der Weg durch das Würmtal kontrolliert. Einer Sage nach soll Kaiser Karl der Große hier oder in der nahe gelegenen Reismühle geboren sein – Untersuchungen haben gezeigt, dass die Karlsburg jedoch frühestens um 950 erbaut wurde. Karl der Große kam aber 747 zur Welt, und so sollte diese Erzählung Karl wohl etwas populärer machen – immerhin hatte er den Agilolfingerherzog Tassilo III., der in Bayern sehr beliebt war, brutal entmachtet.

EINKEHR

Die Schlossgaststätte Leutstetten punktet mit ihrem gemütlichen Biergarten.

INFORMATION

www.starnbergammersee.de

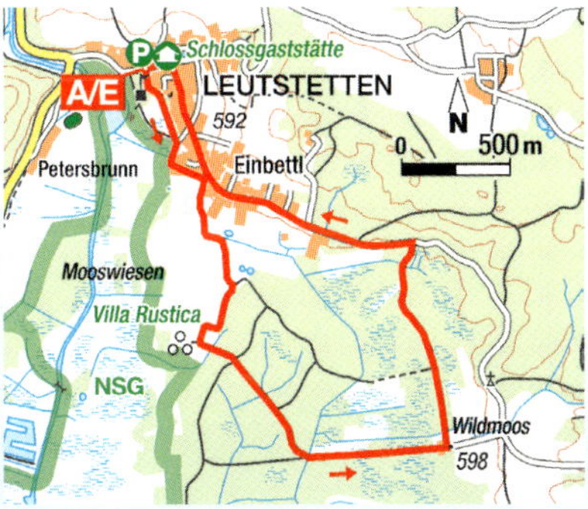

3

Spaziergang bei Possenhofen

DER HISTORISCHE BAHNHOF VON POSSENHOFEN UND SEIN MUSEUM

Auf den Spuren von Sissi, der Kaiserin Elisabeth von Österreich, lustwandeln wir unter alten Uferbäumen zum Schloss Possenhofen am Starnberger See und besuchen das Kaiserin Elisabeth Museum im Bahnhof Possenhofen.

Wir parken an einem der großen Parkplätze vor **Possenhofen**, überqueren die Seestraße und starten auf dem Uferweg nach Süden. Die alten Uferbäume umrahmen das wunderbare Motiv vom See mit der Roseninsel (s. Tour 4) im Vordergrund und mit den Bergzacken von Hochkarwendel und Wetterstein im Hintergrund. Nach 5–15 Minuten – je nachdem, wo wir geparkt haben – treffen wir auf einen dicken **Rundturm**, ein Überbleibsel der alten Schlossmauer, der recht einsam zwischen den Uferbäumen steht. Rechts von uns taucht auch schon **Schloss Possenhofen** mit seinen vier Ecktürmen auf.

1834 kaufte Herzog Max in Bayern das Schloss und überformte es in den damals hochmodernen neugotischen Stil. Nachdem es zu klein wurde – er hatte immerhin acht Kinder und reichlich Dienerschaft –, ließ er das Neue Schloss, eine mächtige Dreiflügelanlage, anbauen und durch die Schlosskapelle mit dem Alten Schloss verbinden. Dieses Ensemble können wir heute von außen bewundern. Eine Besichtigung ist nicht möglich, da in den 1980er-Jahren beide Schlösser zu einer Eigentumswohnanlage umgebaut wurden – das schien damals der einzige Weg zu sein, die durch unsachgemäße Nutzung im Krieg und in der Nachkriegszeit völlig heruntergekommene Anlage zu retten.

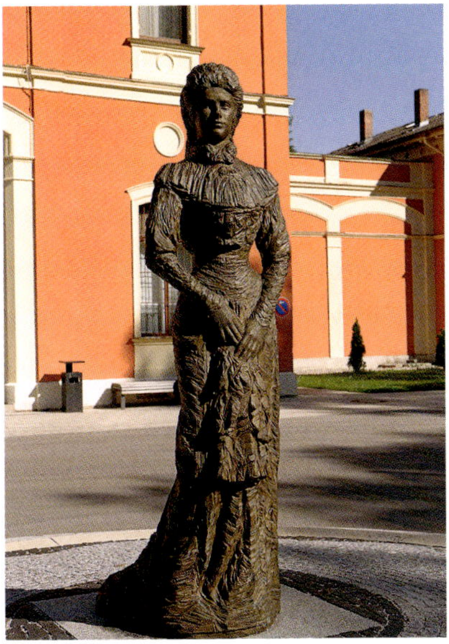

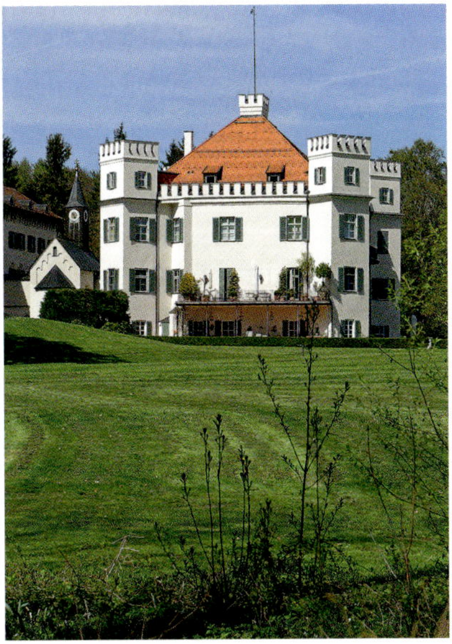

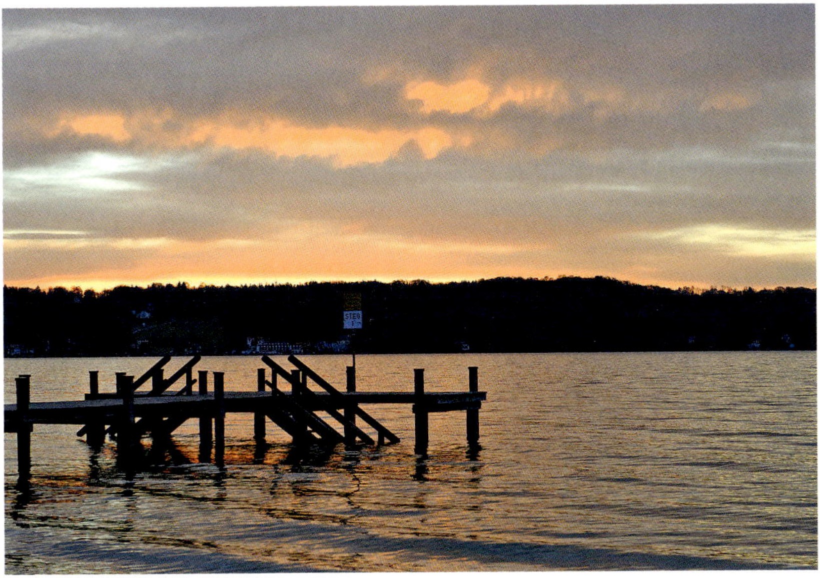

◄ Bronzestandbild der Kaiserin Elisabeth von Österreich vor dem historischen Bahnhof Possenhofen

► Das neue Schloss Possenhofen; links sieht man die Kapelle, den Verbindungsbau.

▼ Sonnenuntergang am See

Wir gehen weiter an der Schlossanlage vorbei, passieren nochmals Reste der alten Schlossmauer mit dem ehemaligen Tor zum See und wenden uns beim nächsten **Rundturm** nach rechts. In die Straße Seeweg biegen wir nochmals rechts ein, gehen am Neuen Schloss vorbei und hinauf zur Hauptstraße. Diese überqueren wir, bevor wir etwas nach rechts versetzt auf einer Straße mit Gehweg hinauf zum **historischen Bahnhof** von Possenhofen gelangen.

Nach dem Museumsbesuch finden wir gegenüber dem Bahnhof einen beschilderten bequemen Weg, der uns abwärts durch den Wald zu den Parkplätzen vor **Possenhofen** zurückführt.

Königlicher Bahnhof

Der an sich schlichte Bau des **Possenhofener Bahnhofs** strahlt eine ungewöhnliche Eleganz aus. Kein Wunder, war er damals quasi das Entree für das Schloss Possenhofen und für hochgestellte Persönlichkeiten, die hier anreisten, entsprechend luxuriös ausgestattet. Die Pläne wurden von Georg von Dollmann, König Ludwigs Architekt von Schloss Linderhof, gezeichnet. Neben dem eigentlichen Wartesalon gab es ein Nachrichtenzimmer mit dem einzigen Telefon in Possenhofen und einen Toilettenraum, in dem sich die Damen und Herren für den Empfang im Schloss frisch machen konnten.

Das Bahnhofgebäude wurde vorbildlich restauriert und beherbergt seit 2009 das **Kaiserin Elisabeth Museum**. Es entstand aus einer privaten Sammlung des Ehepaars Heinemann und ist inzwischen in den Besitz der Gemeinde Pöcking übergegangen. Den Schwerpunkt der Ausstellung bildet natürlich Sissi, die Tochter Herzog Max' in Bayern und spätere österreichische Kaiserin und ungarische Königin, die in Possenhofen großteils ihre Jugend verbrachte. Zeitgenössische Bilder, Postkarten, Andenken aller Art und persönliche Dokumente der Kaiserin vermitteln nicht nur ein Bild ihres sichtbaren offiziellen Lebens, sondern beleuchten auch die inneren Probleme, mit denen sie ihr Leben lang konfrontiert war. Ihrem Zeitgenossen und Seelenverwandten, dem bayerischen König Ludwig II., ist ein zweiter Raum gewidmet, der dem Museum gleichzeitig als Empfangsraum dient. Der alte Durchgang durch den Bahnhof ist für Sonderausstellungen vorgesehen, die alljährlich wechseln – mehr dazu erfährt man auf der Homepage des Museums (https://kaiserin-elisabeth-museum-ev.de).

Auf einen Blick

AUSGANGSPUNKT UND ANFAHRT

Possenhofen, Parkplatz am Erholungsgelände; GPS 47.963277, 11.316050
Bus & Bahn: Mit der S6 über Starnberg nach Possenhofen; Bahnfahrer beginnen den Weg dann am Bahnhof.
Auto: Possenhofen liegt auf der Westseite des Starnberger Sees. Von Starnberg kommend findet man am Ortsbeginn von Possenhofen Parkplätze.

GEHZEIT UND SCHWIERIGKEIT

Mit 3 km kurzer Spaziergang (ca. 1 Std.) auf schattigen Wegen, knapp 50 Hm Anstieg

NOCH WICHTIG

Das Erholungsgelände nördlich von Possenhofen eignet sich hervorragend, um nach Spaziergang und Kultur noch baden zu gehen.

EINKEHR

Gasthaus Zum Fischmeister in der Ortsmitte oder das Restaurant »Die Schiffsglocke« beim Yachtclub Possenhofen – beide überraschen durch sehr gute Qualität bei gleichzeitig fairen Preisen.

INFORMATION

www.starnbergammersee.de

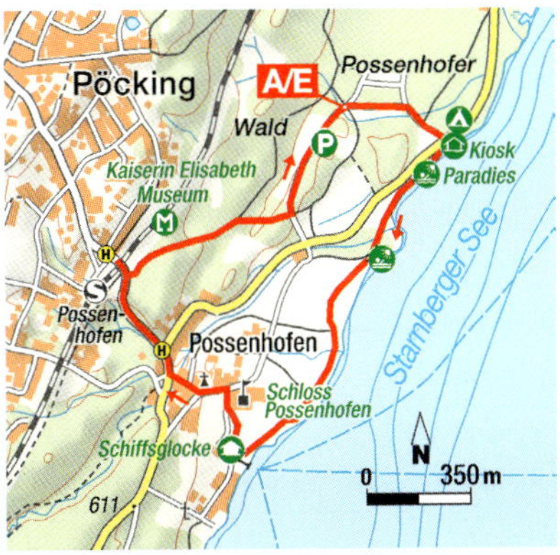

4

Zur romantischen Roseninsel

SPAZIERGANG AM STARNBERGER SEE UND EIN KÖNIGLICHES IDYLL

Mythen und Legenden ranken sich um die einzige Insel im Starnberger See, die Roseninsel, die, ehe man sie 1854 umgestaltete, einfach Fischerinsel Wörth genannt wurde. Nicht nur Hochzeitspaaren gefällt die Stimmung auf dem Eiland – besonders zur Rosenblüte zieht es viele Besucher auf die Insel.

Unser Spaziergang führt in den Wittelsbacher Park, der auch als Lenné-Park bekannt ist. Die Pläne für die Gestaltung ließ der bayerische König Max II. vom preußischen Gartendirektor Peter Josef Lenné zeichnen. Ausführen musste sie, quasi als Gesellenstück, sein Schüler Carl von Effner, der spätere bayerische Hofgartendirektor. Auf der Anhöhe über dem See wollte sich Max II. ein prächtiges Schloss erbauen lassen – beim Tod des Königs 1864 waren allerdings gerade einmal die Keller eingewölbt. Seine Nachfolger hatten kein Interesse an einem Weiterbau, und so riss man die wenigen Mauern wieder ab und verfüllte die Kellerräume. Heute sieht man nur mehr eine auffällige eckige Form im Rasen.

Wir starten am Parkplatz in **Feldafing** und gehen durch die Schranke in den **Park**. Auf den Wegen halten wir uns rechts und erreichen leicht bergab den **Starnberger See**. In den Uferweg biegen wir links ein und wandern nun stets entlang der Wasserlinie nach Norden. Bald passieren wir das unauffällige **Lenné-Denkmal** und haben einen ersten Blickkontakt mit der kleinen Roseninsel. Nach weiteren zehn Minuten erreichen wir ein kleines Uferrondell

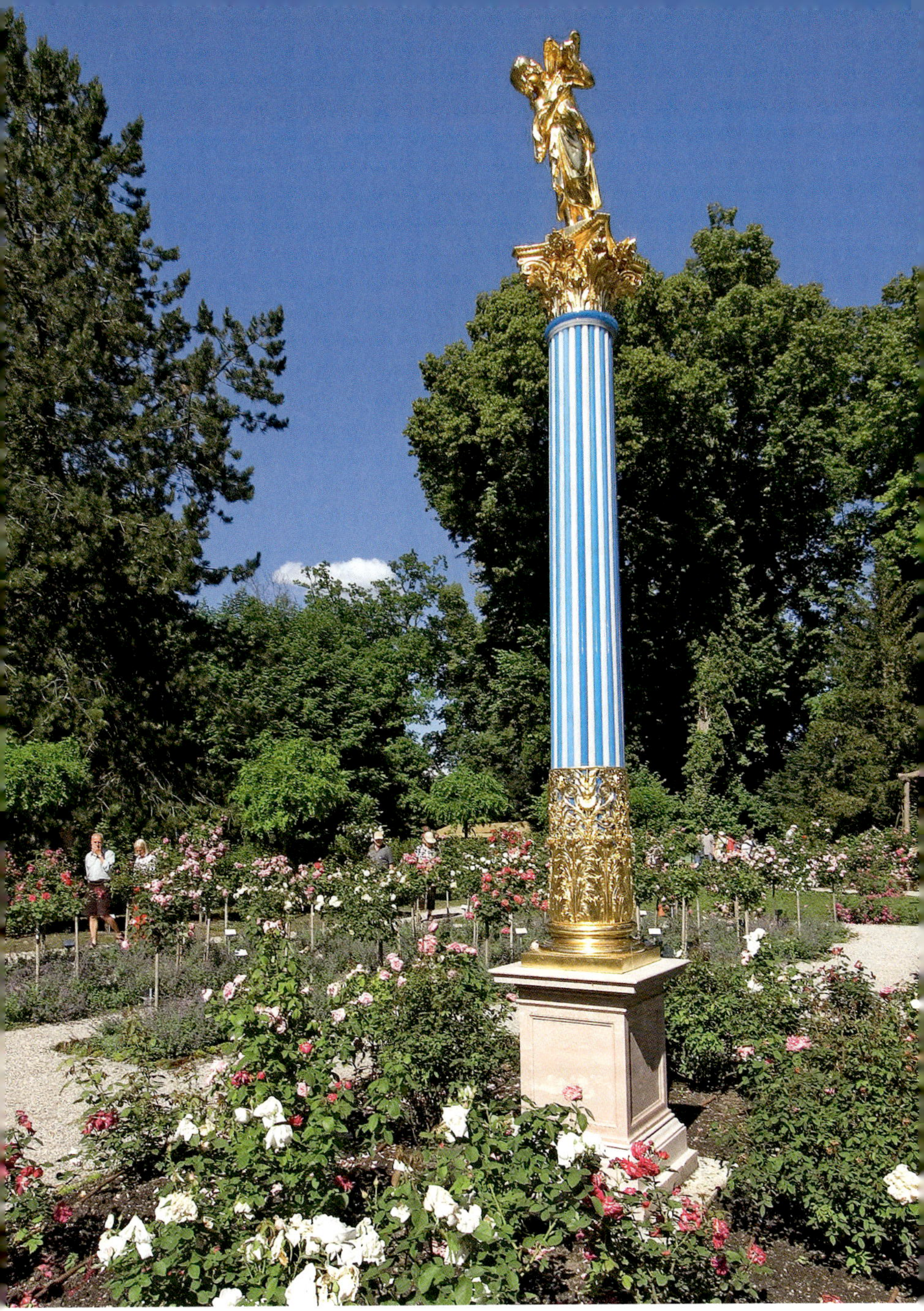

Die auffällige Gartensäule im Rosenrondell besteht aus feinstem Glas und war ein Geschenk des preußischen Königs Friedrich Wilhelm IV. an König Max II.

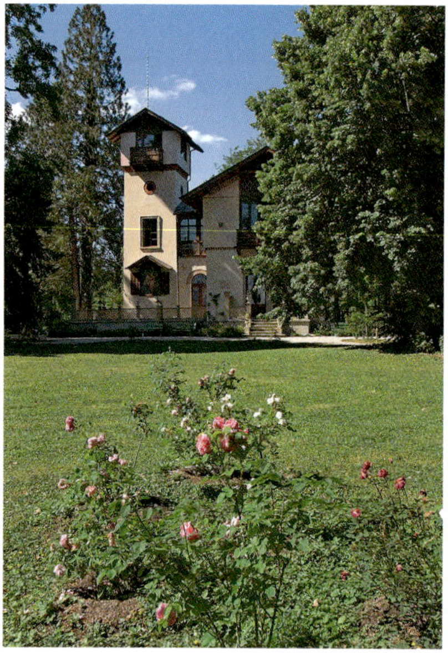

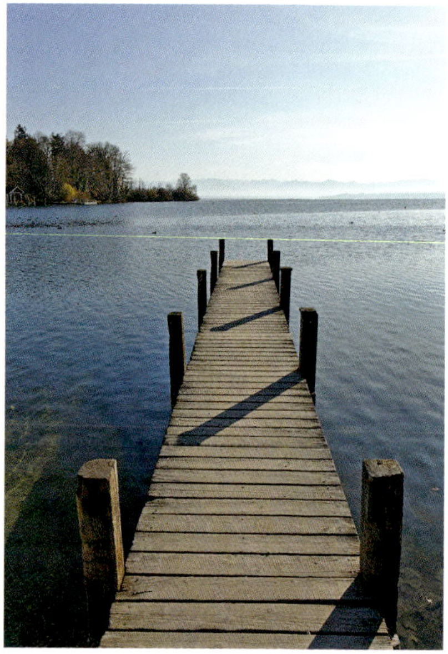

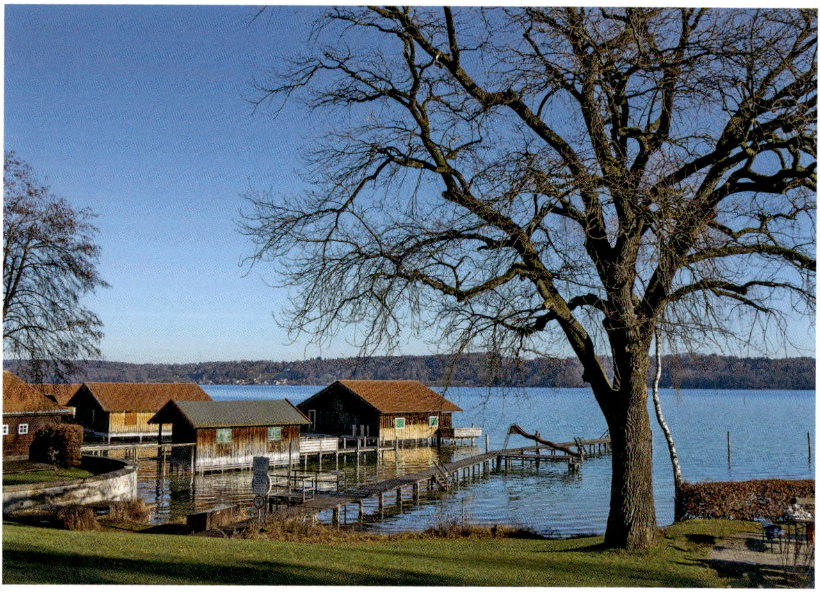

◀ Im Casino auf der Roseninsel kann man heiraten.
▶ Vom Steg bringt uns der Fährmann hinüber zur Roseninsel.
▼ Bootshäuser säumen das Ufer.

mit Ruhebänken und dem **Glockensteg**. Nun warten wir auf den Fährmann oder klingeln nach ihm, damit er uns zur Insel hinüberbringt.

Nach der Besichtigung der **Roseninsel** können wir uns entscheiden, ob wir direkt zum Parkplatz zurückgehen oder vorher noch einkehren wollen. Für den direkten Rückmarsch wählen wir diesmal den mittleren Weg, der vom Inselrondell am Festland abzweigt. Er bringt uns leicht bergauf über Wanderwege in die Nähe des Golfplatzes. Wo der Weg sich teilt, halten wir uns links und kommen immer geradeaus zurück zum Parkplatz in **Feldafing**.

Wer noch Hunger verspürt oder einen Kaffee am Seeufer trinken möchte, wandert am Festland noch ein Stück weiter in nördlicher Richtung. Am Feldafinger Freibad locken zur Einkehr sowohl die Gaststätte im Freibad als auch das Forsthaus am See. Für die Rückkehr zu unserem Ausgangspunkt geht es zunächst zum Freibad zurück, dann wählen wir nicht den Uferweg, den wir gekommen sind, sondern halten uns rechts auf dem für Radfahrer gesperrten Weg. Er führt durch das Feldafinger Golfareal stets in südlicher Richtung zum Parkplatz zurück.

Stelldichein auf der Insel der Rosen

Eine Insel stellt eine perfekte Zufluchtsstätte dar, vor allem, wenn sie klein und überschaubar ist. Sie gibt Sicherheit, ist aber auch ein Sehnsuchtsziel für alle, die die Einsamkeit suchen. Vor rund 150 Jahren lebten zwei Menschen, die in Europa weithin bekannt, gar berühmt waren und dennoch ihr Leben lang die Einsamkeit suchten: die österreichische Kaiserin Elisabeth, Sissi genannt, und der 13 Jahre jüngere bayerische König Ludwig II.

Sissi war die **Roseninsel** von Kindheit an vertraut, schließlich war sie nur wenige Kilometer davon entfernt in Possenhofen aufgewachsen. Ludwig II. kannte die Insel ebenfalls gut, sein Vater, König Max II. von Bayern, hatte sie 1850 gekauft. Auch er wollte sich vom offiziellen Hof abschotten und sich auf der Insel einen Wohnsitz für die Sommertage schaffen. Dazu ließ er die Insel etwas vergrößern und durch den Gartenkünstler Lenné gestalten. Es entstand ein Sommerhaus, das Casino, und ein Garten mit Hunderten von Rosenstöcken, nach dem fortan die Insel benannt wurde. Bis dahin hieß die Insel einfach Wörth, wobei »Wörth« aus dem Althochdeutschen stammt und nichts anderes als Insel bedeutet.

Ludwig II. nutzte die Insel regelmäßig für den Empfang von Staatsgästen. Hohe Adelige wie die russische Zarin Maria Alexandrowna oder den König von Preußen und späteren Kaiser Wilhelm Friedrich ließ er mit seinem Raddampfer Tristan zur Insel bringen – dort blieben er und seine Gäste vor den zahlreichen Schaulustigen verschont, die es auch damals schon gab. Regelmäßig traf er sich hier zudem mit seiner Cousine und Seelenverwandten, der Kaiserin Elisabeth. Dabei wird von einer Kuriosität berichtet: Da sich die beiden aus Termingründen nicht immer persönlich treffen konnten, nutzten sie ein verstecktes Kästchen als Briefdepot – zu diesem hatte keiner der Bediensteten Zugang.

Aber die Wittelsbacher waren nicht die Ersten, denen die Insel Zuflucht gewährte. Auf dem Seegrund fand man Reste von Pfahlbauten, die um 3700 v. Chr. entstanden sind; sie gehören heute zum UNESCO-Weltkulturerbe. Andere Siedlungsspuren datieren aus der späten Bronzezeit. Aus dem 7. Jahrhundert stammt eine frühromanische Kirche, von der im Gärtnerhaus einige Mauern erhalten geblieben sind.

1987 kaufte das Land Bayern die Roseninsel aus dem Wittelsbacher Ausgleichsfonds und machte sie nach der Renovierung des Casinos und der originalen Nachkonstruktion des Gartens allen Besuchern zugänglich. Vor allem bei Hochzeitspaaren, die sich im dortigen Standesamt trauen lassen wollen, ist der romantische Ort beliebt.

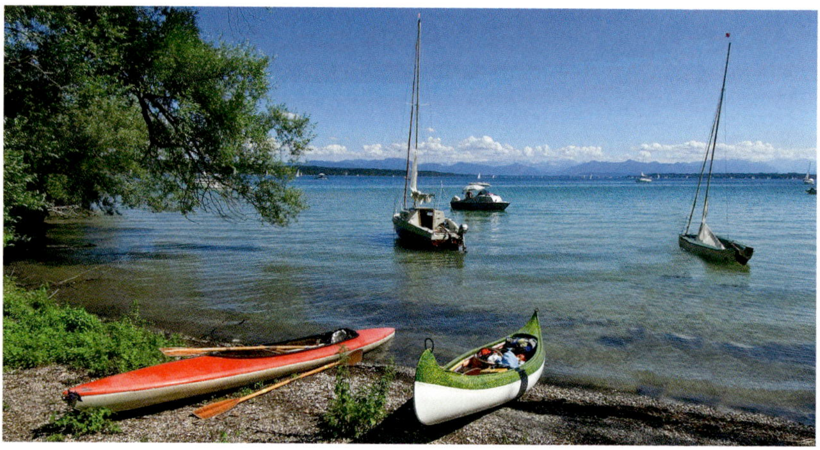

Das klare Wasser am Westufer bei der Roseninsel lockt viele Segler, Stand-Up-Paddler und Kanuten an.

Auf einen Blick

AUSGANGSPUNKT UND ANFAHRT

Feldafing, Südparkplatz am Park; GPS 47.936427, 11.296516
Bus & Bahn: Mit der S6 von München nach Feldafing und in östliche Richtung durch den Ort zum Seeufer wandern
Auto: Von Starnberg am Westufer des Starnbergers Sees entlang nach Feldafing, dort nicht der ersten Beschilderung zum Parkplatz Roseninsel/Seelaich folgen, sondern ein Stück weiter Richtung Tutzing fahren zum ebenfalls ausgeschilderten südlicheren Parkplatz am Park

GEHZEIT UND SCHWIERIGKEIT

4 km lange, gut 1 Std. dauernde Rundtour ohne Höhenunterschiede

NOCH WICHTIG

Im Sommer sollte man die Schwimmsachen nicht vergessen – das Baden auf der Roseninsel ist zwar verboten, aber am Festland gibt es genug Plätze.

FÄHRBETRIEB ROSENINSEL

Vom Frühjahr bis zum Herbst kann man auf die Roseninsel übersetzen (keine Hunde und Fahrräder). Fährbetrieb: Di–So 11–18 Uhr, Mo eingeschränkter Betrieb, da Museum und Casino geschlossen sind; an einigen Tagen kann es wegen der Hochzeiten zu Verzögerungen kommen, bei schlechter Witterung wird der Fährbetrieb eingestellt. Fahrpreise: Erwachsene 5 €, Kinder 3–12 Jahre 1 €, Jugendliche 3 €

EINKEHR

Forsthaus am See: bekanntes und vornehmes Restaurant mit großer Terrasse direkt am Starnberger See (Mo Ruhetag; forsthaus-amsee.de). Nett und einfacher speist man im daneben liegenden Strandbad Feldafing.

INFORMATION

www.starnbergammersee.de;
www.roseninsel.bayern

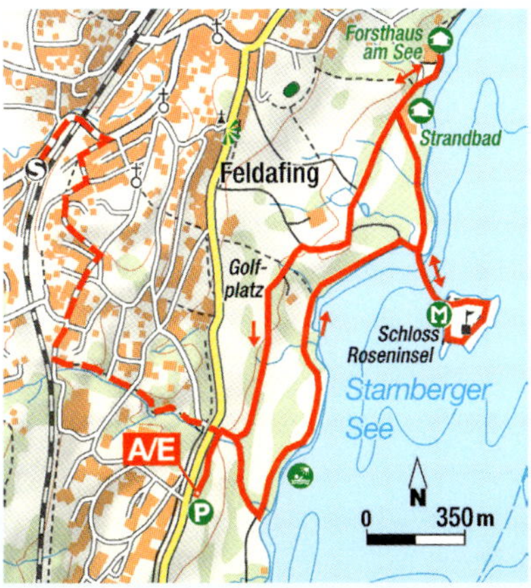

5

Mit Johannes Brahms durch Tutzing

DIE SCHÖNSTEN MELODIEN ZWISCHEN HIMMEL, WASSER UND DEN BERGEN

Uferpromenade, Brahmstage, Schlösser und immer wieder die weiten Ausblicke über den Starnberger See hinweg auf die Berge am Horizont: Kein Wunder, dass Tutzing Menschen aus aller Welt anlockt, die das durchaus schon mediterrane Flair am Wasser für sich entdecken.

Vom **Tutzinger Bahnhof** gehen wir auf der Bahnhofstraße hinab bis zur Hauptstraße. Für wenige Meter wenden wir uns nach links, überqueren dann die Straße und biegen in den Schlösserweg ein. Durch verwinkelte Gassen kommen wir zum Thomaplatz, der an der kleinen Kirche **St. Peter und Paul** liegt. Dann folgen wir der Graf-Vieregg-Straße, biegen rechts in die Monsignore-Schmid-Straße und umrunden die Evangelische Akademie hinter den Schlossmauern.

Die Schlossstraße bringt uns rechts zum See. Kurz vor dem Dampfersteg halten wir uns links und erreichen so die **Brahmsvilla** und dahinter die Brahmspromenade. Am Ufer kontrastieren die Bootshäuser stark mit den Luxusvillen. Zum Glück steht der Uferweg offen, und so sind wir schnell bei den gusseisernen Löwen angelangt, die den Seezugang zum **Midgardhaus** bewachen. Die herrschaftliche Villa ließ 1853 Graf Theodor von Vieregg als Gästehaus für das Schloss Tutzing erbauen; heute finden wir hier ein Restaurant mit Biergarten. Weiter geht es auf der Promenade bis zum **Nordbad**. Dort drehen wir um und gelangen zweimal links haltend in die Simone-Ferber-Straße.

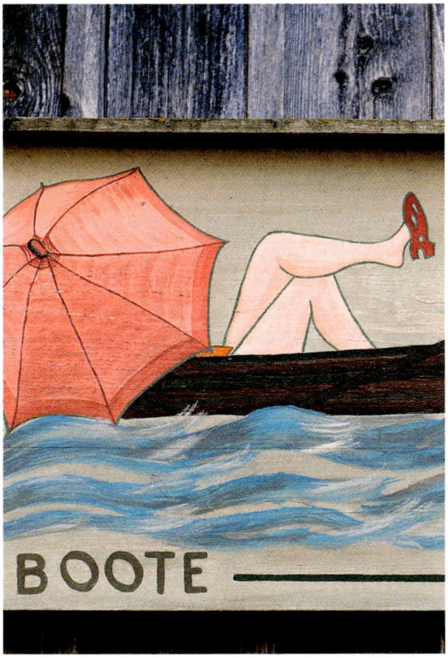

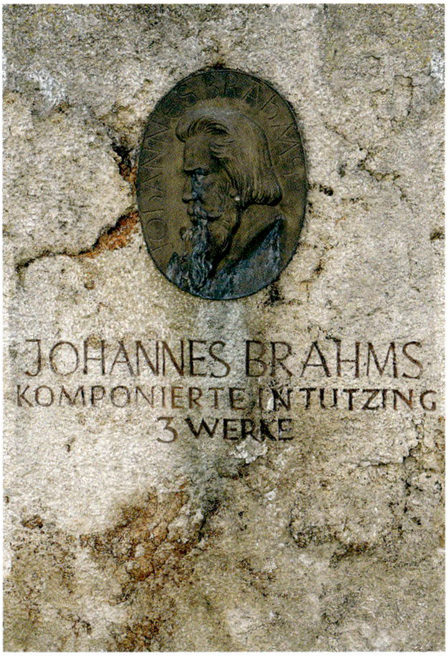

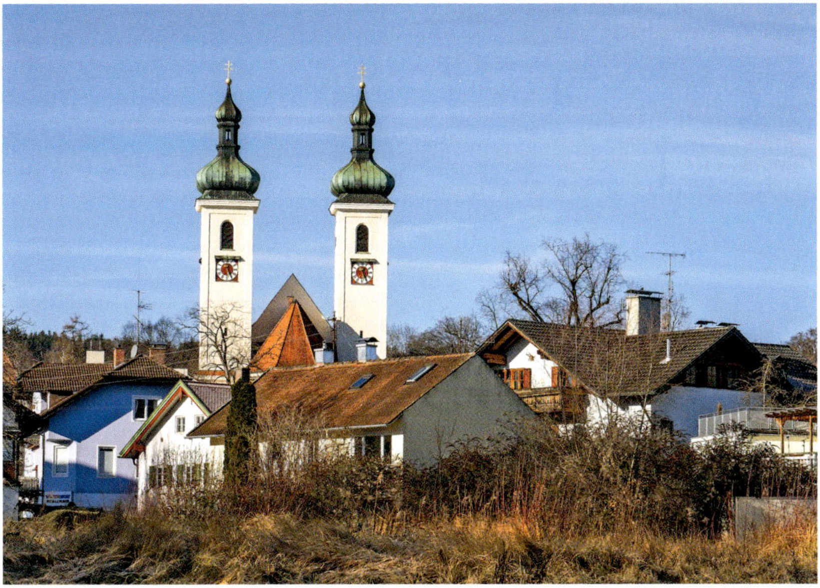

◀ Pittoreske handbemalte Schilder weisen auf den Bootsverleih hin.
▶ Brahmsdenkmal an der Promenade
▼ Die zwei Kirchtürme der Pfarrkirche St. Joseph sind das Wahrzeichen von Tutzing.

An deren Ende geht es geradeaus in die Midgardstraße und zur Tutzinger Hauptstraße. Auf ihr sind wir nach links schnell wieder im Zentrum an der Bahnhofstraße, und zurück am **Bahnhof**.

»Tutzing ist weit schöner ...«

Ein Brief **Johannes Brahms** an seinen Musikerfreund Hermann Levi wird gern zitiert: »Tutzing ist weit schöner, als wir uns neulich vorstellen konnten. Eben hatten wir ein prachtvolles Gewitter; der See war fast schwarz, an den Ufern herrlich grün; für gewöhnlich ist er blau, doch schöner, tiefblauer als der Himmel, dazu die Kette schneebedeckter Berge – man sieht sich nicht satt.«

Dieser Brief stammt aus dem Jahr 1873. Brahms lebte seit einem Jahr in Wien, das damals als die bedeutendste Musikhauptstadt galt, und avancierte gerade zu einem der ganz Großen in der Musikwelt. Er war finanziell unabhängig, und seine Tätigkeit als Klaviervirtuose sowie die Erlöse aus zahlreichen Kompositionen ermöglichten ihm ein sorgenfreies Leben. Dennoch beschränkte sich Brahms nicht allein auf die Musik: Er pflegte auch rege Verbindungen zu allen Geistesgrößen seiner Zeit. Dazu gehörte der Dichter und Schriftsteller Paul Heyse, der eine Professur in München hatte. 1873 trafen sich die beiden in München und kamen bei einem Ausflug nach Tutzing. Der Ort gefiel Brahms so gut, dass er beschloss, den gesamten Sommer über zu bleiben: Ab Mai wohnte er in der Villa Amtmann in der Nähe des Sees. Dort lebte zu dieser Zeit auch der berühmte Opernsänger Heinrich Vogl, der Brahms ein Häuschen zur Verfügung stellte, in dem er ungestört komponieren konnte. Diese Tage in Tutzing waren unglaublich fruchtbar – es entstanden drei Streichquartette, eine Haydn-Variation und mehrere Lieder, obwohl Brahms ursprünglich eigentlich eine Oper hatte schreiben wollen. Doch der viermonatige Aufenthalt mit langen Spaziergängen in der herrlichen Landschaft sorgte eben für andere künstlerische Inspirationen. Das drang bis zum König durch, und so musste Brahms im Dezember 1873 nochmals nach München reisen: Dort verlieh ihm König Ludwig II. zusammen mit Richard Wagner und dem Maler und Bildhauer August von Kreling den Orden für Kunst und Wissenschaften.

Heute erinnert in Tutzing ein Brahms-Denkmal an diese Zeit, und die alljährlich stattfindenden Tutzinger Brahmstage locken mit ihrer mittlerweile überregionalen Bedeutung zahlreiche Gäste aus Nah und Fern an den See.

Auf einen Blick

AUSGANGSPUNKT UND ANFAHRT

Tutzing, Bahnhof;
GPS 47.906977, 11.273267
Bus & Bahn: Die Deutsche Bahn sowie die S6 halten in Tutzing.
Auto: Von München über Starnberg nach Tutzing; Park & Ride-Parkplätze direkt am Bahnhof

GEHZEIT UND SCHWIERIGKEIT

4 km lange, gut 1 Std. dauernde Rundtour vorwiegend auf Ortsstraßen und Uferwegen ohne Höhenunterschiede

NOCH WICHTIG

Im Sommer sollte man die Badesachen nicht vergessen, denn wir kommen an einigen Badestellen vorbei. Besonders schön ist es, wenn wir nach dem Nordbad noch ein Stück weitergehen – das Freibad in Garatshausen ist sehr zu empfehlen.

BRAHMSTAGE

Im Oktober finden alljährlich die Tutzinger Brahmstage statt. Die Konzerte werden meist in der Evangelischen Akademie, in der Kirche St. Joseph oder im Kurtheater aufgeführt. Um Tickets für die hochkarätigen Musiker muss man sich zeitnah bemühen (https://tutzinger-brahmstage.de).

EINKEHR

Unterwegs gibt es in Tutzing mehrere Möglichkeiten – sehr nett, aber etwas exklusiv sitzt man im Midgardhaus. Wem es dort zu voll ist, der findet eine gute Alternative im Seerestaurant am Surf- und Segelzentrum Tutzing am Nordbad; zwar gibt es auch hier keine Garantie auf freie Plätze, aber man sitzt sehr idyllisch auf einem verbreiterten Steg, der weit in den See hineinragt.

INFORMATION

www.tutzing.de

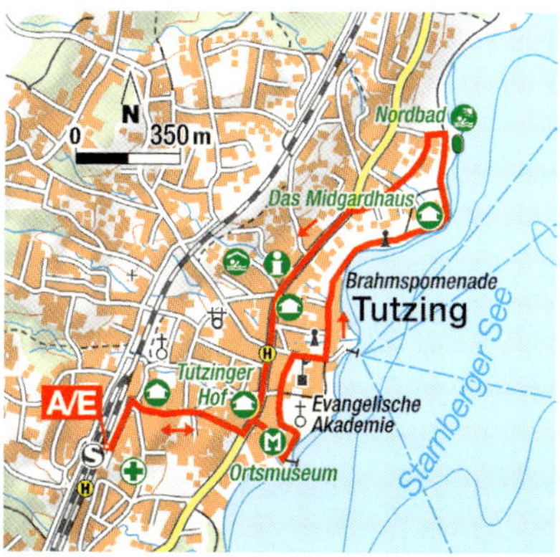

6

Zum Buchheim Museum in Bernried

FANTASTISCHE SAMMELLEIDENSCHAFT AM WESTUFER DES STARNBERGER SEES

Lothar-Günther Buchheim war nicht nur Schriftsteller und Maler, sondern auch ein leidenschaftlicher Sammler, was sich in seinem Museum der Phantasie zeigt. Die auffallende Architektur des Museums spiegelt die außergewöhnliche Kunstsammlung wider.

Wir beginnen am **Bernrieder Bahnhof** und folgen zunächst der Bahnhofstraße in Richtung See. Die große Straße, die Tutzinger Straße, überqueren wir geradeaus und bleiben auf der Bahnhofstraße. An der Sparkasse biegen wir in die Dorfstraße ein und spazieren durch den malerischen Ortskern von Bernried. Am **Kloster**, das zu den Missions-Benediktinerinnen von Tutzing gehört, die hier ein Bildungshaus betreiben, sind wir schon fast auf Seehöhe. Die Besichtigung der reich ausgestatteten Kirche sollte man unbedingt einplanen – eine besondere Kostbarkeit ist der kleine Flügelaltar rechts im Kirchenschiff, auf dem die reichlich komplizierte Verwandtschaft Christi dargestellt ist. Am Kloster biegen wir nach Norden ab und wandern auf dem Fuß- und Radweg neben der Tutzinger Straße entlang weiter, vorbei am Hotel Marina bis zum Eingang des **Museums der Phantasie**. Das moderne Gebäude in Form eines Schiffs steht im frei zugänglichen Park direkt am Starnberger See.

Nach der Besichtigung bleiben wir im **Museumspark** und folgen dem Weg hinunter zum Wasser. Dort wendet dieser sich nach Süden und führt unterhalb des Hotels Marina und dem Schlossgut zum Dampfersteg am Kloster zurück.

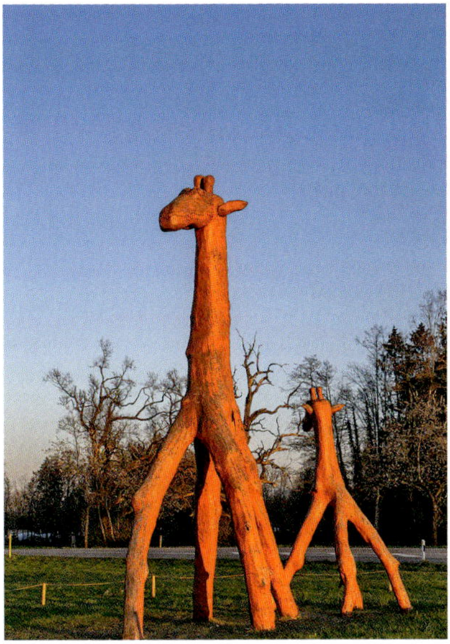

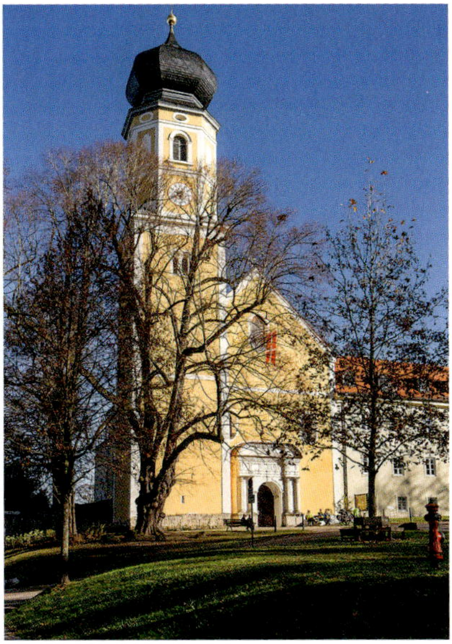

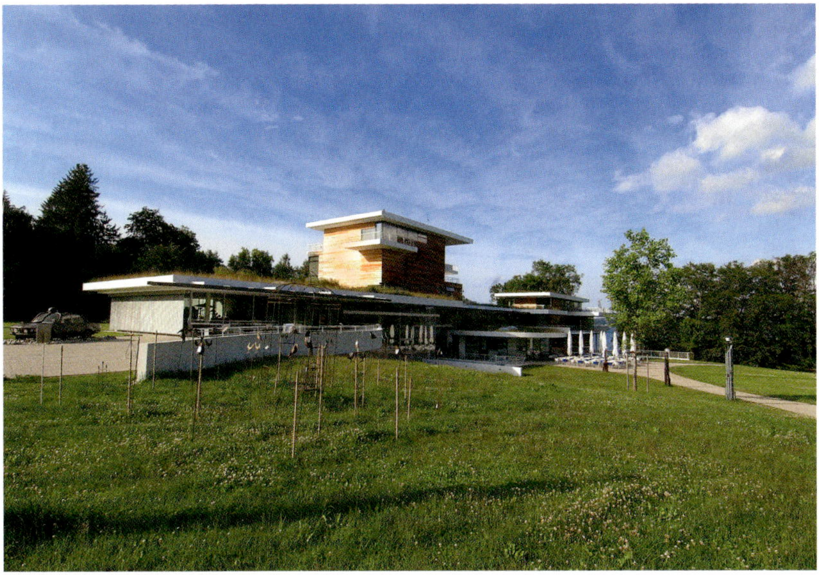

◄ Die Giraffen markieren den oberen Eingang zum Buchheim Museum.
► Die Bernrieder Klosterkirche beherbergt so manche Kunstschätze.
▼ Das Museum der Phantasie erinnert an einen gestrandeten Dampfer mit verschiedenen Decks.

Wer möchte, kann noch eine Runde durch den wunderschönen **Bernrieder Park** drehen. Dafür halten wir uns am Dampfersteg geradeaus und gehen Richtung Süden. Gleich nach dem Strandbad Hubl sind wir auch schon in dem herrlichen Parkgelände. Jederzeit können wir auf einem der Wege nach rechts abkürzen. Am besten genießen wir aber einen Spaziergang über den Seeweg, bis dieser in einen breiteren Forstweg, den Reitweg, mündet. Jetzt geht es nach rechts, und nach einem knappen Kilometer biegen wir links in die Parkstraße ein. Vorbei an einigen Häusern halten wir uns rechts, queren die große Seeshaupter Straße und setzen unsere Wanderung im Buchenweg fort. Über die Soiernspitzstraße erreichen wir wieder die Bahnhofstraße und kehren nun auf bekanntem Weg zurück zum **Bernrieder Bahnhof**.

Ein künstlerisches Allround-Genie

»Ich wollte einfach Bilder um mich haben, aber keine Kunstschätze horten« – so wird **Lothar-Günther Buchheim** gern zitiert. Als während des Dritten Reichs Gemälde der deutschen Expressionisten als »entartete Kunst« gebrandmarkt wurden, kaufte Buchheim diese Bilder und reihte sie ohne Aufsehen zu erregen in seine private Sammlung ein. Heute bilden diese Gemälde den Kern seiner Sammlung, die von den Werken zahlreicher weiterer Künstler ergänzt wird. Dazu gesellen sich noch seine eigenen Bilder, die durch sein fast liebevolles Verhältnis zu den kleinen Dingen der Welt gekennzeichnet sind.

Buchheim kam als Sohn der Malerin Charlotte Buchheim 1918 in Weimar zur Welt, seine Kindheit verbrachte er in Sachsen. Schon als Schüler begann er zu malen, und das durchaus erfolgreich. Nach dem Abitur studierte er an der Hochschule für Bildende Kunst in Dresden und an der Akademie in München. Die Kriegszeit diente er als Freiwilliger bei der Marine. Seine Erlebnisse flossen in sein wohl bekanntestes schriftstellerisches Werk »Das Boot« ein, das 1973 erschien. Im Alter von 65 Jahren stellte Buchheim seine künstlerischen Tätigkeiten als Maler und Autor ein und gründete die Buchheim Stiftung, in die er seine komplette Sammlung einbrachte, die inzwischen auf einen Wert von 100 Millionen Euro geschätzt wird. Um dieser Sammlung einen würdigen Rahmen zu geben, entwarf der Architekt Günther Benisch den Museumsbau, und 2001 konnte das **Museum der Phantasie** eröffnet werden. Lothar-Günther Buchheim, der im nahen Feldafing lebte, leitete das Haus bis zu seinem Tod 2007.

Auf einen Blick

AUSGANGSPUNKT UND ANFAHRT

Bernried, Bahnhof;
GPS 47.861321, 11.284138
Bus & Bahn: Mit dem Zug nach Bernried. Oder S6 ab München bis Tutzing und weiter mit Bus 9614 bis Bernried
Auto: Bernried liegt am Westufer des Starnberger Sees. Der Bahnhof ist ausgeschildert, dort gibt es einige Parkplätze.

GEHZEIT UND SCHWIERIGKEIT

Mit 7 km und ca. 2 Std. eine eher kurze Wanderung ohne große Höhenunterschiede

NOCH WICHTIG

Baden ist unterwegs an mehreren Stellen möglich.

OLAF GULBRANSSON

Ein weiterer Künstler hinterließ seine Spuren in Bernried: Im Gasthaus Drei Rosen wohnte einst der norwegische Karikaturist Olaf Gulbransson – dem am Tegernsee ein ganzes Museum gewidmet ist; im Frühjahr 1923 feierte er dort seine Verlobung mit Dagny Björnson, seiner dritten Frau, sowie den Polterabend.

EINKEHR

Direkt im Museum gibt es das nette Café Phoenix. In Bernried: Hotel Seeblick oder Gasthaus Drei Rosen

INFORMATION

www.starnbergammersee.de;
www.buchheimmuseum.de

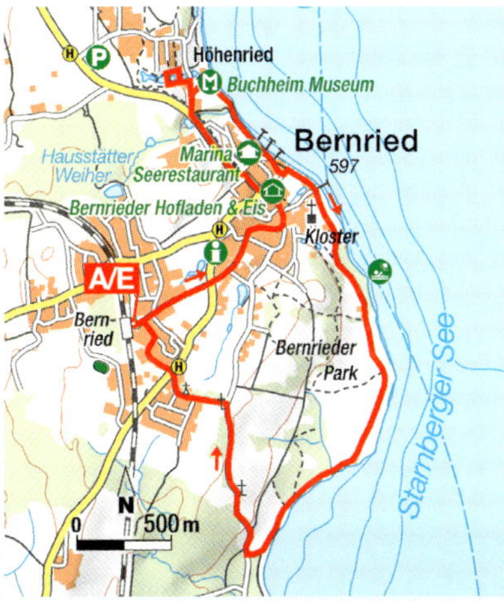

7

Am Westufer des Starnberger Sees

WANDERUNG IN SEENÄHE DURCH EINEN DER SCHÖNSTEN LANDSCHAFTSPARKS

Auf den Spuren einer unvergesslichen und eindrucksvollen Liebe wandern wir von Seeshaupt nach Tutzing durch großartige Parklandschaften. Nachhaltig und zukunftsorientiert hat dort Wilhelmina Busch ihr Eigentum in eine Stiftung verwandelt.

Wir starten am Dampfersteg in **Seeshaupt**, wenden uns hier nach rechts und spazieren, der Beschilderung Richtung Tutzing folgend, über den Uferpfad. An seinem Ende biegen wir rechts ab und nehmen den Fußgänger- und Radweg am See entlang nach **Seeseiten**. Direkt nach dem Café halten wir uns rechts, gehen an der kleinen Kapelle vorbei und nehmen den Weg über die Brücke. Jetzt befinden wir uns bereits im über 60 000 Quadratmeter großen **Wilhelmina-Busch-Woods-Stiftungspark**, der gemeinhin Bernrieder Park genannt wird. Zu Beginn fällt uns das große **Schloss Seeseiten** auf, das Domizil des Münchner Milliardärs August von Finck. Am Ende dieses einzigartigen Wegs geht es rechts auf dem König-Ludwig-Weg weiter durch den Park, und bald darauf erreichen wir **Bernried**. Die ehemalige **Klosterkirche St. Martin** und die kleine **Bernrieder Hofmarkskirche** sind eine Besichtigung wert.

Wir bleiben alsdann auf dem Uferweg, passieren das Schlossgut und das Hotel Marina und gelangen zum Osteingang des **Buchheim Museums der Phantasie**, das im Übrigen ebenfalls ein Besuch wert ist (s. Tour 6). Im Park des Museums bestaunen wir einige Kunstwerke und halten uns oberhalb des

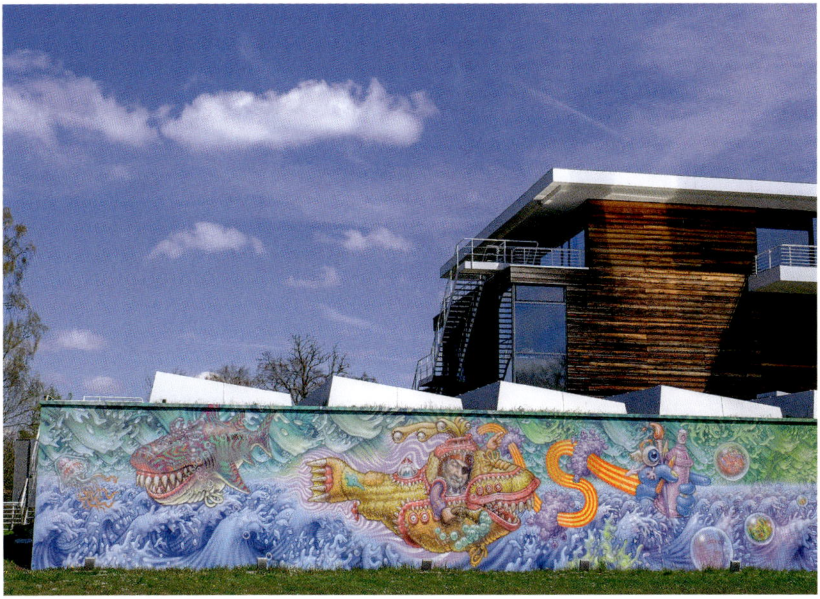

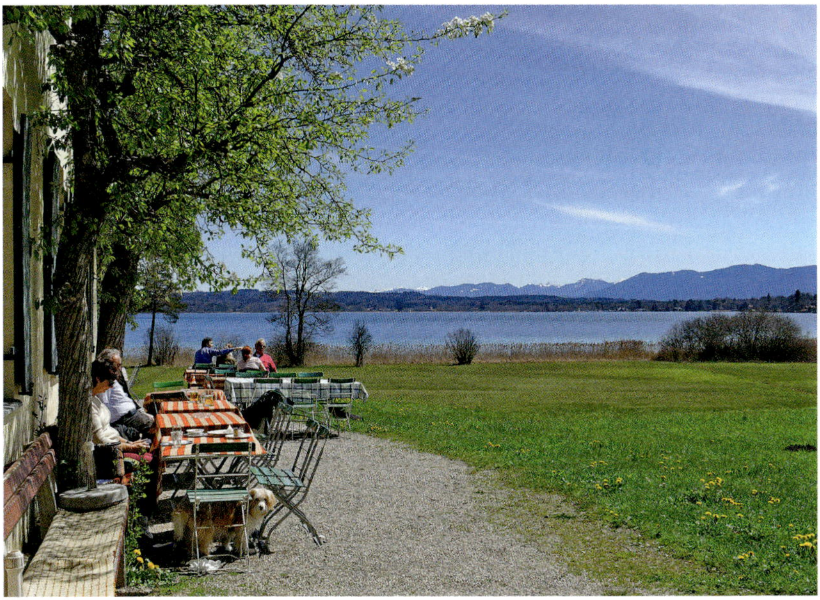

▲ Im frei zugänglichen Außenbereich des Museums der Phantasie gibt es viel zu entdecken.
▼ Gleich hinter Seeshaupt lockt das Café Seeseiten zu einer Pause.

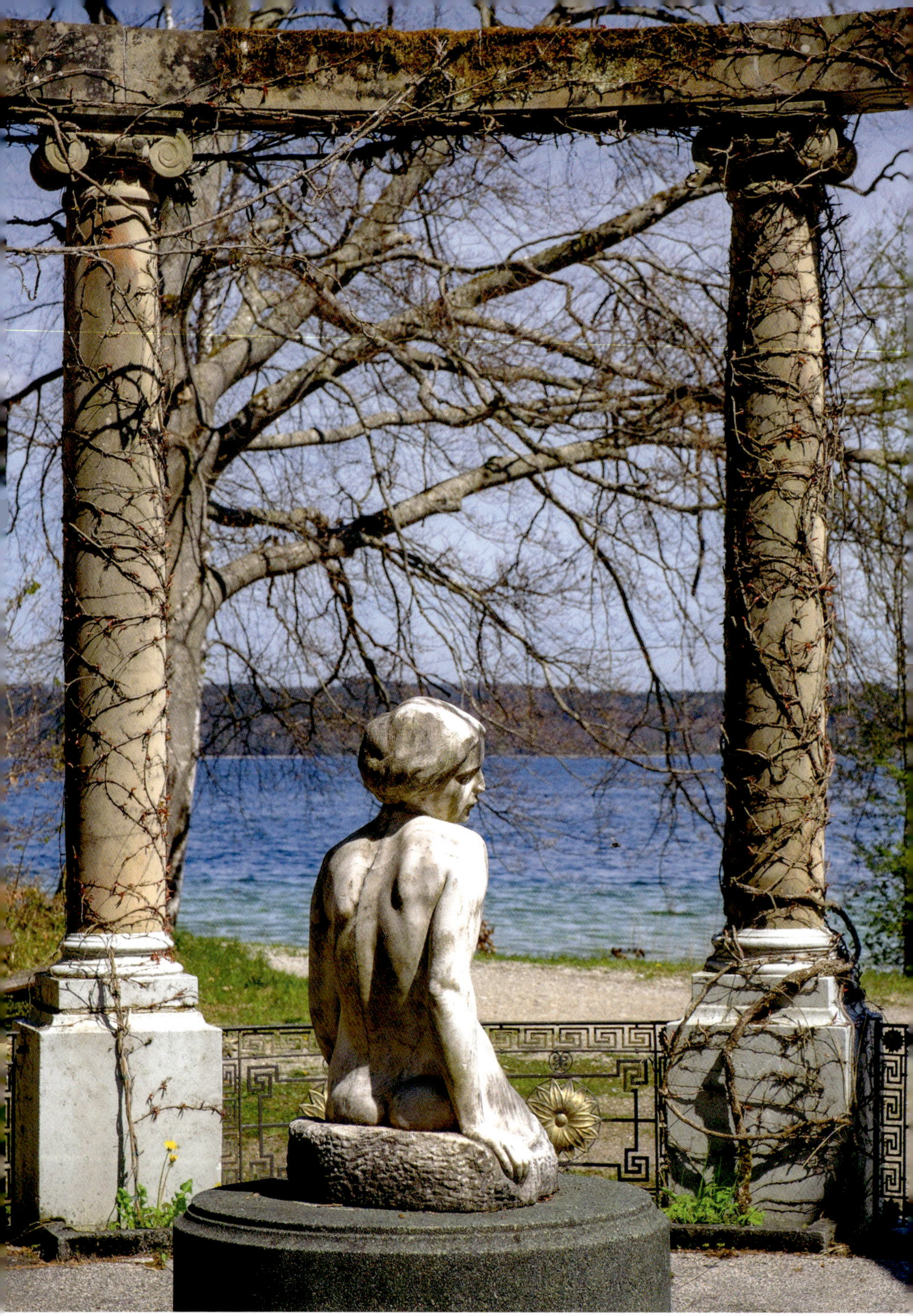

Der malerische Monopteros steht einsam unweit der Spitze der Halbinsel Horn.

Eingangs weiter Richtung Norden. Zwischen zwei Teichen hindurch erreichen wir den **Park der Höhenrieder Klinik**. Wer möchte, folgt der Beschilderung zum Schlosscafé und legt dort eine Pause in wunderbarem Ambiente ein. Zudem gibt es ein großes Dammwildgehege mit weißen Hirschen und die Möglichkeit, auf riesigen Brettern Schach zu spielen.

Ansonsten bleiben wir über alle Abzweigungen hinweg immer in Ufernähe und drehen eine Extrarunde mit einzigartigen Seeblicken zum Monopteros und zur Spitze der kleinen **Halbinsel Horn**. Dort biegen wir links ab, passieren die Höhenrieder Klinikbauten und erreichen über die Eichenallee ebenfalls das Schloss mit dem Café.

Weiter geht es von dort Richtung Parkplätze und dann rechts auf dem Fuß- und Radweg durch eine weitere Allee nach **Unterzeismering**. Kurz nach der kleinen Kapelle biegen wir rechts in den Höhenrieder Weg ein, der uns wieder in Seenähe zur Lindenallee führt. Wir überqueren die Seestraße und steigen den **Johannishügel** hinauf. Dort locken zahlreiche Bänke zu einer genussvollen Schau-Rast, denn die Aussicht über den See hinweg zur Benediktenwand ist fantastisch. Ehe wir dann die Treppe zum Uferweg hinabnehmen, bewundern wir noch die etwa zwei Meter große Statue des Heiligen Johannes Nepomuk.

Am Uferweg halten wir uns links bis zur Hauptstraße, gehen geradeaus ein kurzes Stück auf der Hauptstraße weiter, biegen dann nach dem Gymnasium rechts in den Schlösserweg ein und umrunden im Zickzack die Evangelische Akademie bis zum **Dampfersteg in Tutzing**. Von dort fahren wir entweder mit dem Schiff zurück nach **Seeshaupt** oder wir laufen über die Bahnhofstraße zum Tutzinger Bahnhof und fahren von dort zurück.

Wilhelmina Busch-Wood

Eberhard Anheuser war Braumeister in Bad Kreuznach und wanderte 1842 in die USA aus. Zusammen mit seinem Schwiegersohn Adolphus Busch, auch ein deutscher Einwanderer, gründete er die heute weltberühmten Anheuser-Busch Companies, die mit ihrem »Budweiser«-Bier weltberühmt wurden. **Wilhelmina Busch** wurde als 13. Kind des Ehepaares Anheuser-Busch 1884 in St. Louis geboren. Sie ging nach Deutschland und heiratete 1906 Eduard August Scharrer, und 1914 kauften die beiden das Gut Adelsried bei Bernried sowie 13 Jahre später das Gut Höhenried. Eduard Scharrer starb 1932 an einem

Krebsleiden. Zwischen 1937 und 1939 ließ Wilhelmina das Schloss Höhenried erbauen, verlegte allerdings nach Kriegsausbruch ihren Wohnsitz in die Schweiz. Dort lernte sie ihren dritten Mann, den amerikanischen Generalkonsul Samuel Woods, kennen, den sie 1948 heiratete. 1946 kehrten die beiden nach Höhenried zurück und lebten dort in Saus und Braus. In den nachfolgenden Jahren ließ Wilhelmina den Schlosspark in seiner Form gestalten, wie wir ihn heute kennen. Der Großteil der alten Bäume stammt allerdings noch aus der ersten Parkgestaltung des Vorbesitzers Freiherr von Wendland, die Carl von Effner durchführte. Zwei Jahre vor ihrem Tod brachte Wilhelmina den Park in eine eigens gegründete Stiftung ein, die das Ziel hatte, ihn als einzigartiges Naturdenkmal für kommende Generationen zu erhalten. Sie verstarb 1952 an einer Herzerkrankung, ihr Ehemann ein Jahr später. Beide sind im Park beigesetzt, auf ihren Särgen steht jeweils »Love never ends« (Liebe endet nie). Von den amerikanischen Erben erwarb die (heutige) Deutsche Rentenversicherung Bayern Süd sowohl Schloss als auch Park Höhenried und bietet dort neben Seminaren zur Gesundheitsförderung vor allem Rehabilitationsaufenthalte bei Herzerkrankungen, orthopädischen und psychischen Erkrankungen an.

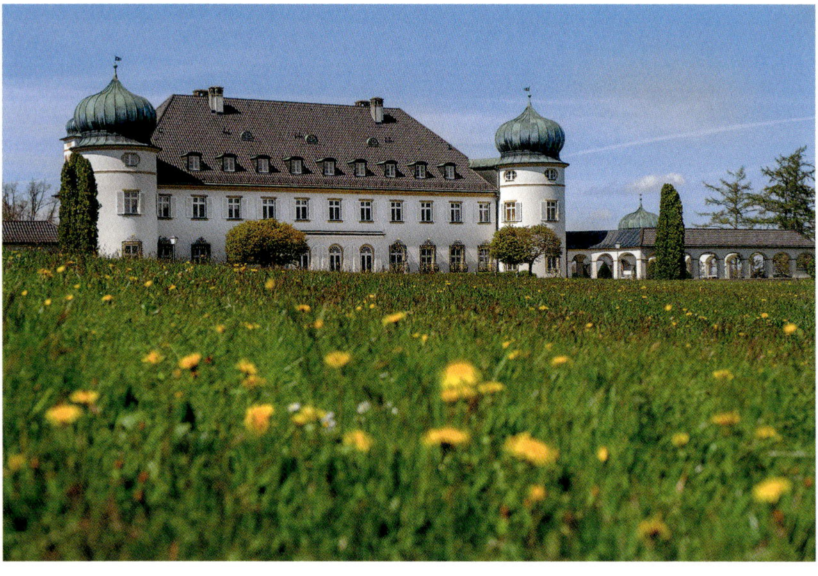

Das Schloss Höhenried ist der jüngste offizielle Bau eines Schlosses in Bayern.

Auf einen Blick

AUSGANGSPUNKT UND ANFAHRT

Seeshaupt, Dampfersteg;
GPS 47.825270, 11.303674
Bus & Bahn: Mit dem Zug nach Seeshaupt, in 15 Min. zu Fuß (Bahnhof-zur Penzberger Straße) zum Dampfersteg. Von Tutzing mit dem Schiff oder der Bahn zurück nach Seeshaupt
Auto: Seeshaupt liegt am Südende des Starnberger Sees. Parkplätze gibt es in der Penzberger Str./Dall'Armi-Straße.

GEHZEIT UND SCHWIERIGKEIT

Auch ohne Höhenmeter ist die Wanderung mit gut 16 km Länge etwas anstrengender (ca. 4 Std.). Sie ist sehr sonnig. Badesachen nicht vergessen!

SCHIFFFAHRT

Vorab sollte man sich nach den Abfahrtszeiten der Schiffe am Starnberger See erkunden – sie fahren in der Regel ab Ostern bis Oktober und dabei in der Hauptsaison und am Wochenende mehrmals täglich (www.seenschifffahrt.de).

EINKEHR

Es gibt das Café im Schloss Höhenried und dazwischen mehrere Möglichkeiten in Bernried oder in Tutzing.

INFORMATION

www.starnbergammersee.de

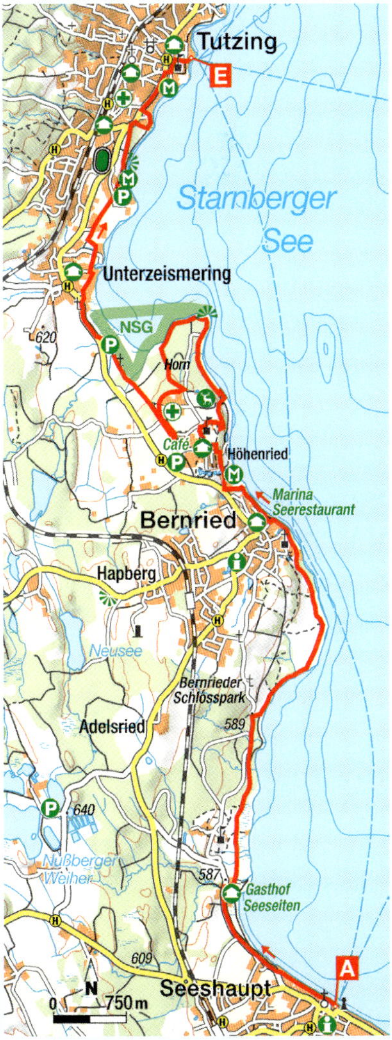

8

Von Seeshaupt zu den Osterseen

HEIMAT UND FERNE – ZWISCHEN APFELBLÜTEN UND OLIVENBÄUMEN

An einem klaren Föhntag scheinen die Berge hinter dem Starnberger See zum Greifen nahe, und wenn gleichzeitig am Dampfersteg kleine Wellen gegen die Bootstampen plätschern, mag man sich wie am Mittelmeer fühlen. Diese Sehnsucht nach Heimat und Ferne prägte auch die Schriftstellerin Hilde Domin, die sich zu Seeshaupt sehr hingezogen fühlte.

Wir starten in **Seeshaupt** am Parkplatz in der Dall'Armi-Straße, laufen diese ein Stück hinein und biegen nach 150 Metern rechts in die Allee Richtung Süden ab. Wo der Wanderweg sich teilt, wenden wir uns nach rechts und erreichen den Aussichtspunkt **Emilsruh**. Wir umrunden den **Gartensee** auf seiner westlichen Seite und wandern dann zwischen den Häusern und dem See in südlicher Richtung auf einem schmalen Pfad weiter. Immer in Seenähe geht es durch lichten Wald. Am Schilfgürtel des **Lustsees** erreichen wir die Straße und gehen für ca. 400 Meter auf einem schmalen Fußweg neben der Leitplanke bis zur auf der anderen Straßenseite liegenden Abzweigung Richtung Lauterbach. Hier queren wir die Straße und wandern mit schönen Blicken über den See bis zur **Klinik Lauterbach**.

Nach dem Hauptgebäude der Klinik wählen wir den ersten Feldweg nach rechts (Markierung »10« und »Ellmann«). Nun geht es stets geradeaus durch den Wald, erst am **Gehöft Ellmann** verlassen wir diesen wieder. Links am Waldrand zweigt ein Sträßchen nach Pollingsried/Hohenberg ab; wir halten

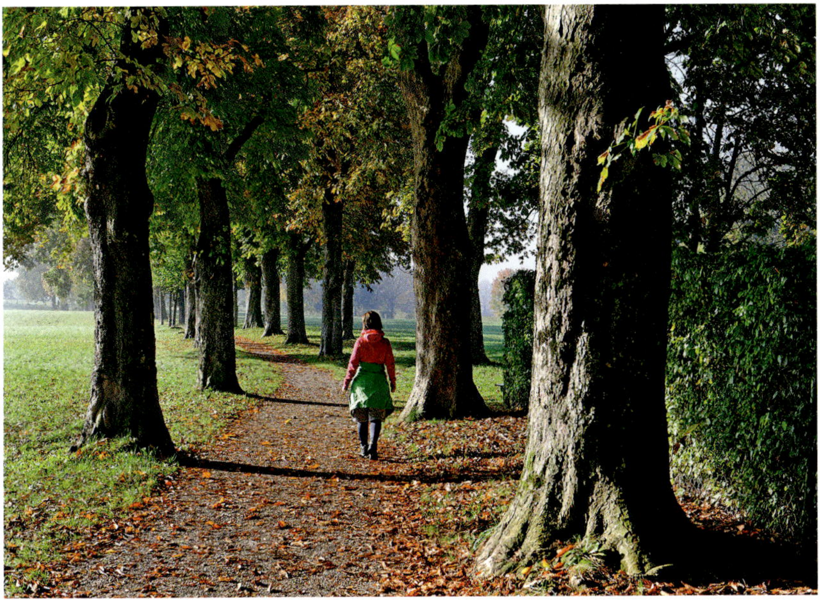

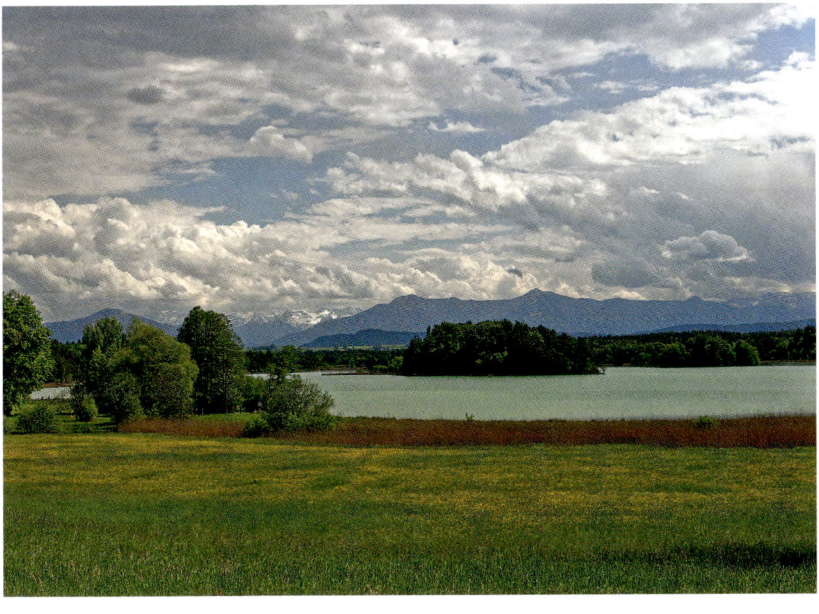

▲ Eine Allee führt zum Aussichtspunkt Emilsruh.
▼ Bei Seeshaupt blickt man über den Großen Gartensee auf die Münchner Hausberge.

uns rechts, passieren den Hof Ellmann und biegen 500 Meter nach dem Haus rechts in den kleineren Waldweg ein. Dieser führt uns zum versteckt liegenden **Ferchensee**. Wir passieren ihn an seinem Nordufer und halten uns nach der Lichtung im Wald rechts. Kurz drauf wandern wir entlang einer großen Wiese und erreichen **Seeshaupt** im Unteren Flurweg. Wir queren die Bahngleise, folgen der Bahnhofstraße und gelangen so zu unserem Ausgangspunkt zurück.

»Äpfelbaum und Olive«

Geboren wurde die Schriftstellerin **Hilde Domin** am 27. Juli 1909 in Köln unter ihrem Mädchennamen Hilde Löwenstein. Nach einer behüteten Kindheit in einem jüdischen Elternhaus begann sie zu studieren und schrieb sich 1931 in Heidelberg ein, wo sie den Archäologiestudenten Erwin Walter Palm kennenlernte. Beide erkannten die von Hitler ausgehende Gefahr und emigrierten nach dessen Ernennung zum Reichskanzler nach Rom. 1936 heiratete das Paar dort. Ab 1938 richtete sich aber auch die italienische Politik gegen die jüdische Mitbevölkerung, und in letzter Sekunde konnten das Paar 1939 nach Großbritannien fliehen. Später emigrierten sie in die Dominikanische Republik.

Neben ihren Tätigkeiten als Sekretärin ihres Mannes und Deutschlehrerin begann Hilde zu schreiben und erste Gedichte zu verfassen. 1951 wurde aus Hilde Palm das Pseudonym Hilde Domin, das sie sich in Verbundenheit zu ihrer Wahlheimat der Dominikanischen Insel zulegte. Erst 1954, nach 22 Jahren Exil, kehrte das Paar, seine Wurzeln suchend, nach Deutschland zurück. Nachdem sie einige Monate auf Vortragsreisen durch Deutschland getingelt war, wollte sich Domin in München zum ersten Mal nach 25 Jahren wieder mit ihrem Bruder treffen. In Seeshaupt bei Freunden des Bruders untergebracht und dort sehr gastfreundschaftlich aufgenommen, verliebte sie sich in die wunderschöne Gegend und schrieb dort eines ihrer schönsten Gedichte: »Apfelbaum und Olive«. Dieses handelt von Heimat und von Ferne und von alltäglichen Dingen, die einem nach langer Zeit trotzdem fremd geworden sind. Es endet mit den wunderschönen Worten: »Und daran erkennst du,/ dass du/hier ein wenig mehr/als an andern Stätten/zuhaus bist.« (aus: Hilde Domin, »Gesammelte Gedichte«, S. Fischer Verlag). Auch wenn sie nicht viel Zeit in Seeshaupt verbrachte, hinterließ Hilde Domin hier dennoch Spuren. Sie starb mit 96 Jahren am 22. Februar 2006 in Heidelberg.

Auf einen Blick

AUSGANGSPUNKT UND ANFAHRT

Seeshaupt, Parkplatz Dall'Armi-Straße; GPS 47.823433, 11.300758
Bus & Bahn: Mit dem Zug von München nach Seeshaupt und vom Bahnhof in 15 Min. zu Fuß durch die Bahnhof zur Penzberger/Dall'Armi-Straße
Auto: Seeshaupt liegt am Südende des Starnberger Sees. Parkplätze gibt es in der Penzberger Straße, Ecke Dall'Armi-Straße.

GEHZEIT UND SCHWIERIGKEIT

Auf einer Länge von 10 km bei gut 3 Std. Gehzeit sind auf dieser Wanderung kaum Höhenmeter zu bewältigen. Im Sommer Badesachen und Mückenmittel nicht vergessen!

SCHAUGARTEN

Am Rückweg kommen wir in Seeshaupt in der Bahnhofstraße am zauberhaften Schaugarten vorbei (freier Eintritt, Spenden erbeten).

EINKEHR

Unterwegs keine. In Seeshaupt: Restaurant Sonnenhof – liegt ganz in der Nähe unseres Startplatzes und bietet leckere Küche und selbst gemachte Kuchen; Eisdiele Allora Signora – weithin bekannt für feinste Eisvariationen; im Sommer gibt es einen sehr netten Kiosk mit Sitzgelegenheit unterhalb der Kirche in der Nähe des Dampferstegs.

INFORMATION

www.seeshaupt.de

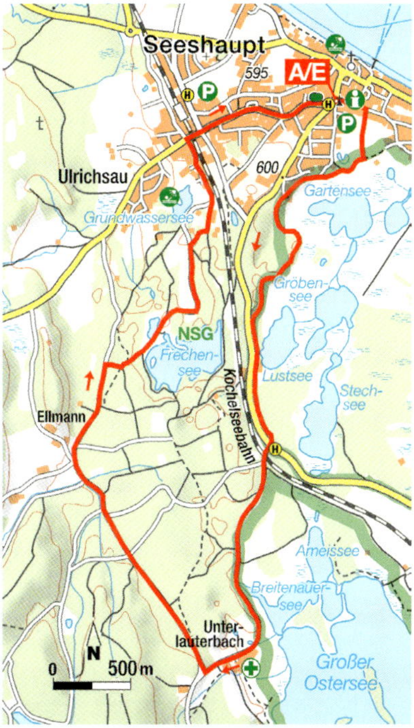

9

Im Naturschutzgebiet Osterseen

ZWISCHEN MYSTISCH DUNKLEN TOTEISSEEN UND SONNIGER MOORLANDSCHAFT

Weit, gleich einer dramatischen Geste spannen knorrig gewachsene Bäume ihre Äste über die Seeoberfläche, daneben ragen alte, verfallene Baumstümpfe aus dem vielfarbig schillernden Moorwasser, in dem sich die nahen Berge spiegeln – die Osterseen gelten als größte, strukturreichste Eiszerfallslandschaft in Oberbayern.

Vom **Iffeldorfer Wanderparkplatz** wenden wir uns auf das breite Sträßchen und folgen nun stets der Rundwegbeschilderung. An der Teerstraße, auf die wir bald darauf treffen, halten wir uns rechts und laufen auf ihr weiter Richtung Lauterbach (bezeichnet). Vor dem **Gut Schwaig** nehmen wir rechts den Lauterbacher Seeweg und wandern nun zuerst durch den Wald und alsdann über Weidewiesen. Hier bietet sich ein schöner Blick auf den Großen Ostersee mit seinen Inseln und Buchten. An der **Klinik Lauterbacher Mühle** treffen wir auf eine Teerstraße, in die wir rechts einbiegen. Linker Hand wachsen alte Eichen und Buchen, rechts öffnet sich der Blick zum See, der mit seinem breiten Schilfgürtel und den kleinen Buchten ein Brutgebiet für zahlreiche Vögel ist. Dass wir diese Naturschutzzone auf keinen Fall betreten, ist selbstverständlich!

Nach etwa zehn Minuten erreichen wir einen Rastplatz, biegen von der Straße rechts ab und wandern auf einem Fußweg zum **Bahndamm** der Strecke Tutzing–Penzberg. Der Weg führt zuerst durch den Wald und wendet sich dann wieder dem See zu. Ein wenig haben wir inzwischen an Höhe gewonnen,

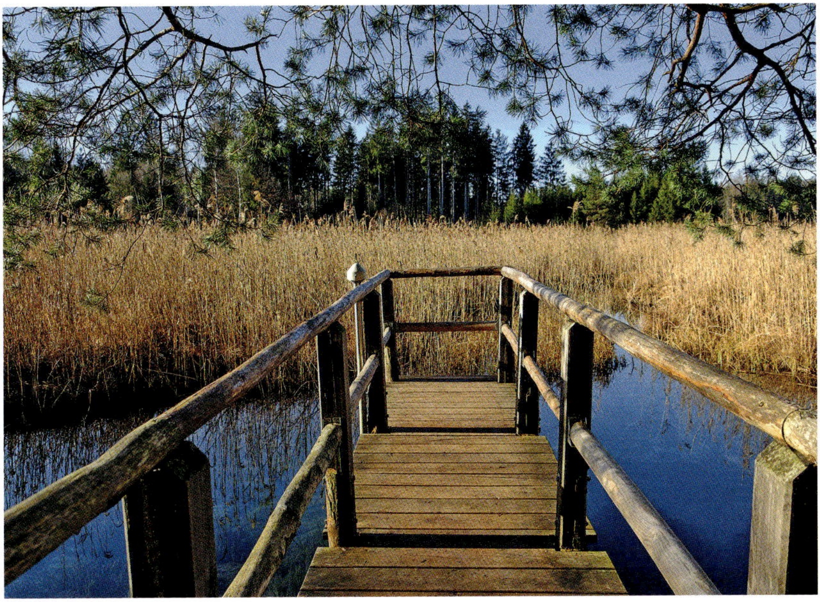

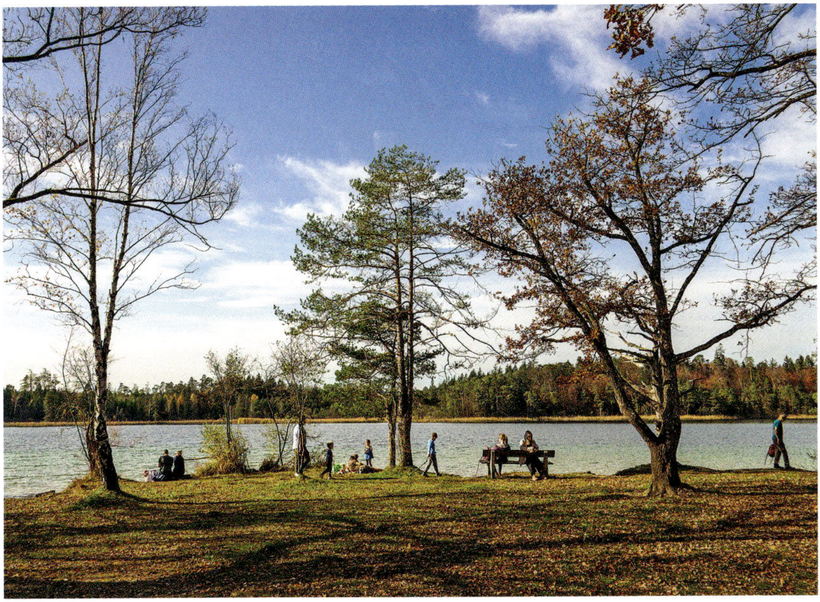

▲ An der Blauen Quelle
▼ Eine der schönsten Badestellen befindet sich am Fohnsee neben dem Campingplatz.

und so sehen wir den Ostersee unter uns in der Sonne glänzen. Wir sind nun in der Nähe von **Gut Aiderbichl**, einem Gnadenhof für Tiere. Zudem finden wir hier am Ufer immer wieder gute Stellen für Rast- und Badepausen.

Das Schild »Rundweg Ostersee« weist uns dann wieder die Richtung hinunter zum Wasser, und alsbald geht es immer am Seeufer entlang. An der beschilderten Abzweigung folgen wir dem Rundweg »5« in Richtung **Fohnsee** und überqueren auf einer Brücke den Wasserlauf, der den Fohn- mit dem Staltachersee verbindet. Den **Campingplatz** durchqueren wir und folgen dann am Parkplatz und an der Badestelle vorbei zunächst dem Fohnseeweg in die Osterseestraße hinein. Das letzte Stück geht es zwischen den Häusern und dem kleinen **Sengsee** und unterhalb der St.-Vitus-Kirche zurück zum Ausgangspunkt.

Ein Ritter an den Osterseen

Adel oder zum Ritter bzw. Freiherr Geadelte besaßen, nicht nur in Bayern, meist zwei Wohnsitze: ein Stadthaus und ein repräsentatives Schloss auf dem Land. So gehörte z. B. dem Verleger Giradet ein Gut bei Wolfratshausen, Robert Bosch besaß ein Gut bei Königsdorf, und **Joseph Anton Ritter von Maffei** erwarb 1861 die Ländereien bei Iffeldorf – inklusive sämtlicher Osterseen und weiter Teile des Moores zwischen Iffeldorf und Seeshaupt.

Maffei ließ sich ein feudales Landhaus erbauen, das er als Sommersitz nutzte, sowie den in der Umgebung reichlich vorhandenen Torf abbauen. Diesen benötigte er für seine Lokomotiven, denn er besaß in München die damals wohl größte Lokomotivenfabrik der Welt. Dabei handelte es sich um Dampflokomotiven, die mit teurer Kohle beheizt wurden – der Torf hingegen war, gleichwohl man davon viel mehr benötigte, sehr viel billiger. Maffei bzw. sein Neffe und Nachfolger Hugo von Maffei nutzen ihr Landgut nicht nur als Sommersitz: In kurzer Zeit entstanden hier eine Brauerei, eine Maschinenbaufabrik und sogar ein Krankenhaus, aber auch ein landwirtschaftlicher Betrieb, der als eine Art Mustergut geführt wurde.

Nach dem Tod Hugo von Maffeis geriet die Familie in finanzielle Schwierigkeiten, und große Teile des Besitzes mussten verkauft werden. Trotzdem gehören bis heute die Osterseen und große Flächen um die Seen den Nachfahren des Ritters von Maffei.

Auf einen Blick

AUSGANGSPUNKT UND ANFAHRT

Iffeldorf, Wanderparkplatz;
GPS 47.772173, 11.315401
Bus & Bahn: Mit dem Zug nach Iffeldorf, vom Bahnhof zu Fuß in westlicher Richtung zum See wandern und die Wanderung ab dem Fohnsee beginnen
Auto: Auf der A 95 bis Ausfahrt Penzberg, dort rechts, in Iffeldorf links halten und über die Gleise, den Ort fast ganz durchqueren und am Kriegerdenkmal rechts abwärts zum Wanderparkplatz

GEHZEIT UND SCHWIERIGKEIT

Eine knapp 10 km lange flache Runde (3 Std.) mit vielen Bademöglichkeiten, gut geeignet für jede Jahreszeit

ST. VITUS

Wer in der Woche vor Ostern unterwegs ist, sollte einen Blick in die Iffeldorfer Kirche werfen – dort entdeckt man ein einmaliges Heiliges Grab, eine echte Seltenheit.

OSTERSEEN

Die Osterseen sind Überbleibsel der letzten Eiszeit: Als sich die Gletscher zurückzogen, blieben gewaltige Eisblöcke zurück, die durch das Schmelzwasser mit Gesteinsschutt bedeckt wurden. Man rechnet, dass es gut 1000 Jahre dauerte, bis diese Eisreste geschmolzen waren. Zurück blieben offene Wasserflächen, die Toteisseen. Unter Naturschutz gestellt, haben sie sich zu einem einzigartigen Biotop entwickelt.

EINKEHR

Am Ende der Tour: Gasthaus Zu den Osterseen mit großer Terrasse. Empfehlenswert: das Fohnseestüberl am Badegelände

INFORMATION

www.iffeldorf.de

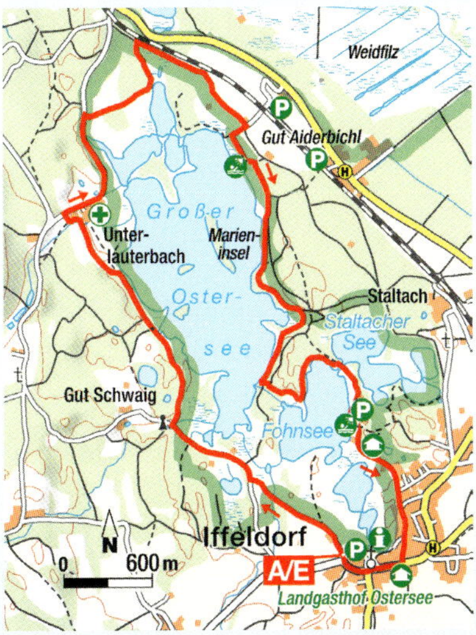

10

Von Degerndorf zum Starnberger See

EIN EIGENWILLIGER REGISSEUR, EINE BERÜHMTE BIENE UND BIERGÄRTEN MIT SEEBLICK

Der Starnberger See mag zwar Wohnort der Reichen und Schönen sein, überdies ist er aber auch geschichtsträchtiger Boden. So entdeckt man rund um den See starke Kontraste: denkmalgeschützte Villen und pompöse Neubauten, aber auch ländliche Anwesen, alte Fischerhäuser und urige Dörfer mit obligatorischen Misthaufen.

Wir starten unterhalb der **Degerndorfer Kirche** und wandern auf der Dorfstraße nach Süden. In die nächste Straße biegen wir rechts ein und passieren den **Dorfweiher**. An der Kreuzung wenden wir uns nach links und verlassen Degerndorf in südlicher Richtung. Die Abzweigung nach Ambach ignorierend, wandern wir zum nächsten Bauernhof und biegen rechts in den Feldweg ein, der uns zur **Maria-Dank-Kapelle** hinaufführt, wo wir mit einer herrlichen Aussicht belohnt werden.

Nach der Schau-Rast steigen wir rechts abwärts zur kleinen Straße, der wir bergab für ca. 800 Meter folgen, und biegen dann links in den Feldweg, der an einer großen Hackschnitzelholz-Scheune in den Wald führt (Schild »Weidenkam«). Stets dem Hauptweg folgend erreichen wir das einsame Haus **Birklkam**. Hier biegen wir rechts ein und können am **Schlosstor von Weidenkam** einen Blick auf die prächtige Villa werfen. Sie ist im Besitz einer Stiftung und kann nicht besichtigt werden. Weiter in Wanderrichtung erreichen wir kurz darauf die Autostraße, die um den Starnberger See herumführt

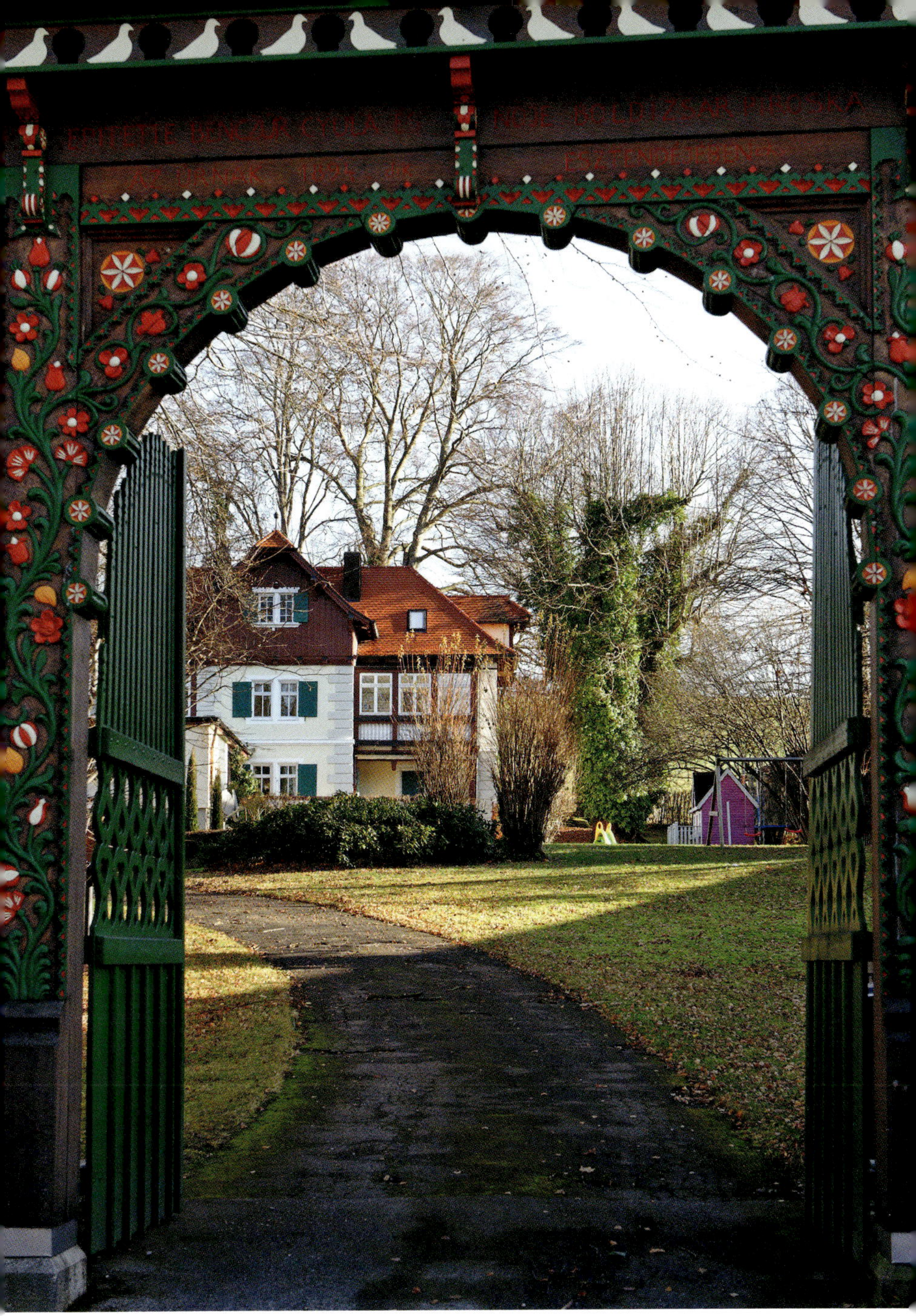

Das farbenprächtige Ungarische Tor der Hans-Bonsels-Stiftung direkt am Starnberger See.

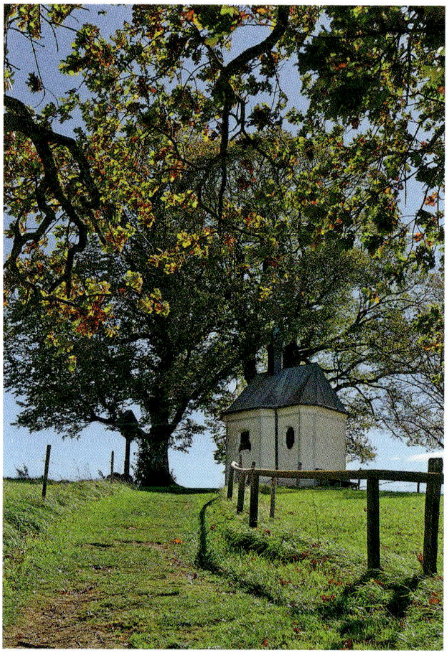

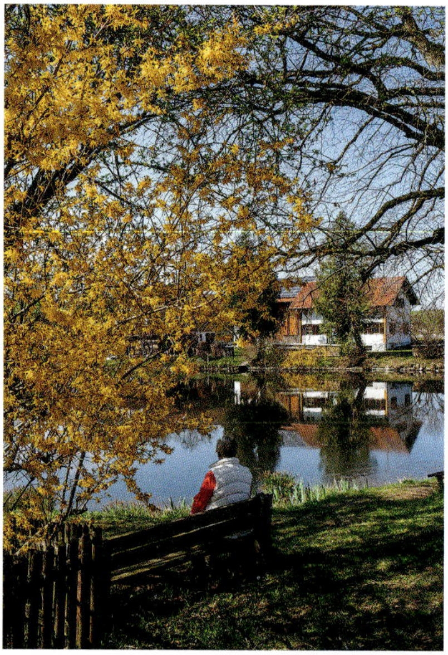

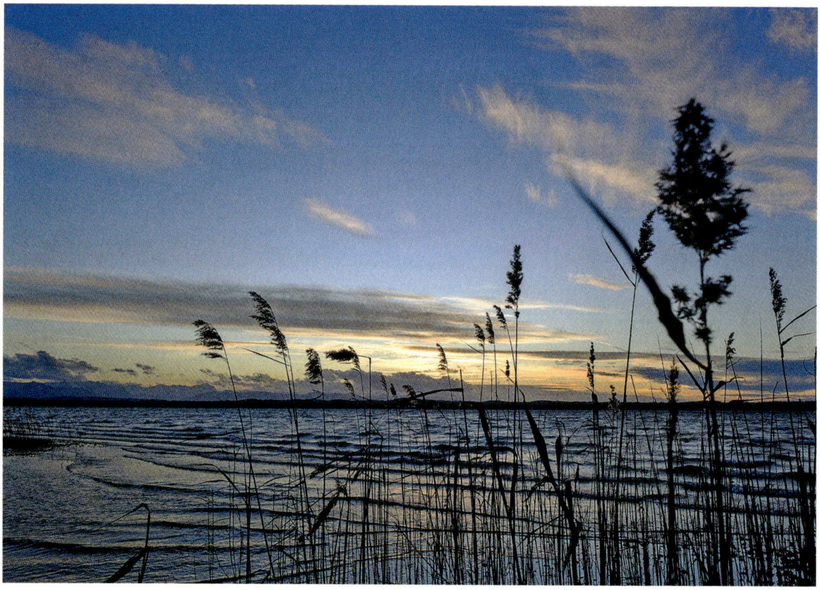

◀ Die kleine Kapelle auf der Anhöhe, durch Bäume geschützt, ist immer einen Besuch wert.
▶ An schönen, warmen Tagen lässt es sich stundenlang am Wasser sitzen.
▼ Am Ostufer des Starnberger Sees gibt es wunderbare Sonnenuntergänge zu beobachten.

und die wir etwas nach links queren. Über eine Brücke führt ein schmaler Weg aufwärts und quert bald eine Wiese. Wir halten uns links und spazieren auf dem Feldweg zur Seeuferstraße. Nun sind es nur noch wenige Meter nach rechts, und wir stehen am Gasthaus Fischmeister.

Wenige Schritte weiter passieren wir das **Ungarische Tor der Hans-Bonsels-Stiftung**, dann lockt schon die Terrasse des Gasthofs Huber mit der nächsten Einkehr. Dort folgen wir der Vorfahrtsstraße, die uns vom See wegführt. Unmittelbar bevor die Straße in den Wald eintaucht, biegen wir rechts aufwärts in die Allee, die uns zum **Schloss Oberambach** bringt. Dort halten wir uns links, wandern am Badeteich vorbei und erreichen auf einem Wiesenweg die malerische Kirche von **Holzhausen**. Rechts auf der Zufahrtsstraße geht es nach Holzhausen hinein und in die Ortsmitte. Gegenüber des ehemaligen Gasthauses Altwirt laufen wir in die Brunnenstraße und wenden uns nach ca. 150 Metern rechts in den Höfertalweg.

Wer sich zur Krönung des Tages noch einen Kaffee mit Kuchen gönnen möchte, bleibt auf der Brunnenstraße und gelangt dort zum Café Waldhauser, das allerdings nur am Wochenende und feiertags geöffnet hat. Alle anderen marschieren zum Finale weiter und erreichen über eine Linkskurve den Weiler **Attenkam**. An Bauernhöfen vorbei stoßen wir auf eine Vorfahrtsstraße, in die wir rechts einbiegen. Nun müssen wir nur noch einen letzten Hügel bezwingen (Achtung, Straßenverkehr!), dann kommen wir am **Dorfweiher** wieder nach **Degerndorf** und kennen ab dort schon die letzten Meter des Rückwegs.

Gasthaus Fischmeister und Herbert Achternbusch

Das **Gasthaus Fischmeister**, das weithin als **»Bierbichler«** bekannt ist, liegt in Ambach und gilt als legendär. Das liegt am netten, aber dem Ansturm nie gewachsenen Biergarten, an den illustren Gästen und natürlich an der guten Küche, in der vor allem mit Biozutaten gekocht wird.

Das Gasthaus war in den 1980er-Jahren das Zuhause von **Herbert Achternbusch**. Der 1938 in München geborene und im Bayerischen Wald aufgewachsene Künstler begann seine Kariere als Maler und Bildhauer. Auf Anraten seines Freundes Martin Walser verlagerte er sein künstlerisches Schaffen später auf die Literatur und Dichtung. Zahlreiche seiner Werke, wie z. B. »Das Haus am Nil«, »Wind« oder »Die Alexanderschlacht« wurden im Suhrkamp

Verlag veröffentlicht. Anfang der 1970er-Jahre begann Achternbusch Filme zu drehen – dabei agierte er sowohl als Schauspieler als auch als Drehbuchautor, Produzent und Regisseur. Zu seinen Lieblingsschauspielern gehörten die Geschwister Josef und Annamirl Bierbichler, die damaligen Besitzer des Gasthauses Fischmeister; sie spielten zusammen in Achternbusch-Filmen wie »Picasso in München«, »Wohin« oder »Niemandsland«. Mit Annamirl war Achternbusch acht Jahre lang liiert.

Achternbusch galt stets als Enfant terrible der Gesellschaft, als immerwährender bayerischer Grantler, dessen Zitate wie »Wer sich nicht in Gefahr begibt, kommt darin um« oder »Diese Gegend hat mich kaputt gemacht, und ich bleibe so lange, bis man ihr das anmerkt« schon fast valentineske Züge aufweisen. Leider umschiffen Achternbuschs Werke den kommerziellen Filmmarkt so konsequent, dass es heute schwierig ist, sich einen seiner Filme anzusehen – nur wenige gibt es bisher auf DVD.

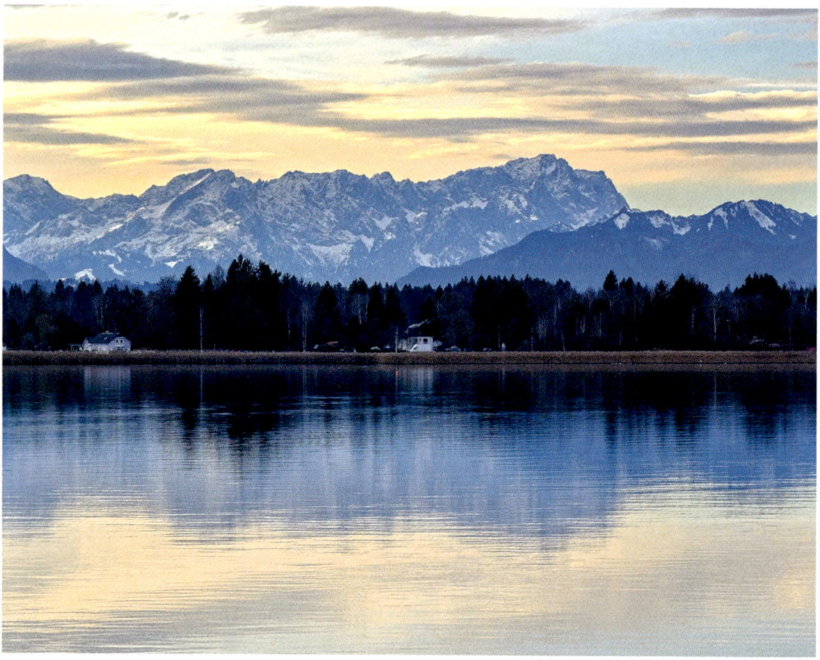

An klaren Tagen scheint die Zugspitze mit der Alpenkette über dem Starnberger See zum Greifen nah.

Auf einen Blick

AUSGANGSPUNKT UND ANFAHRT

Degerndorf, Kirche;
GPS 47.880604, 11.380053
Bus & Bahn: Mit der S7 bis Endstation Wolfratshausen, weiter mit dem Bus 373
Auto: Auf der A 95 bis Ausfahrt Wolfratshausen/Münsing, weiter nach Münsing und dort links nach Degerndorf. Parkplätze gibt's an der Dorfstraße unterhalb der Kirche.

GEHZEIT UND SCHWIERIGKEIT

Mit gut 12 km Länge benötigt man ca. 3.15 Std. für diese Tour. 150 Hm erstrecken sich über Feld- und Waldwege.

BIENE MAJA

Die Villa mit dem Ungarischen Tor war das Haus Waldemar Bonsels, der 1912 das Buch über die Erlebnisse der »Biene Maja« schrieb. In Ambach lebte er von 1918 bis zu seinem Tod 1952. Das auffällige Tor nach dem Vorbild der Szeklertore aus Siebenbürgen stammt allerdings nicht von ihm, sondern von einem Vorbesitzer, dem ungarischen Maler Gyula Benczur, der sich 1885 die Villa erbauen ließ. Das heutige Tor ist eine Nachbildung – das verfallene Original musste 2008 abgebaut werden.

EINKEHR

Unterwegs: Gasthaus Fischmeister, Landgasthof Huber und Schlossgut Oberambach. Das Café Waldhauser hat nur am Wochenende/feiertags geöffnet.

INFORMATION

www.muensing.de

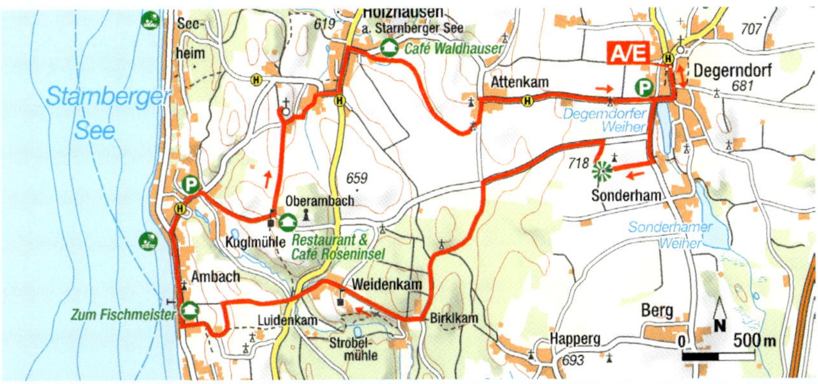

11

Vom Bismarckturm zur Votivkapelle

SPAZIERGANG AM STARNBERGER SEE ZU EINEM DER BERÜHMTESTEN BAYERISCHEN »TATORTE«

Die Kontraste könnten auf diesem Rundgang nicht größer sein: Mit dem Bismarckturm feierte man den Mann, der Deutschland einst geeint hat, und mit der Votivkapelle unten am See gedenkt man noch heute dem Monarchen, der genau an dieser Einigung zerbrach.

Wir starten am Parkplatz beim **Bismarckturm** und gehen durch die alte Lindenallee auf das 1899 eingeweihte Denkmal zu. Nach dessen Besichtigung spazieren wir durch eine Buchenallee Richtung Assenhausen, biegen vor den ersten Häusern links ab und steigen durch den Schluchtweg steil abwärts zur Seeuferstraße, die wir nach rechts entlangwandern. Wir passieren dabei viele historische Villen, wie die **Villa Himbsel**, sowie den Seilbahnweg der einstigen **Standseilbahn** auf die Rottmannshöhe. Die Abzweigung nach Berg ignorieren wir und erreichen den Eingang zum **Park von Schloss Berg**.

Nun halten wir uns bei allen Wegabzweigungen in Seenähe, damit wir die berühmte, im neuromanischen Stil erbaute **Votivkapelle** nicht verfehlen. Im See, wenige Meter vom Ufer entfernt, steht ein **Holzkreuz**, das die Stelle markiert, an der der Märchenkönig einst tot im Wasser aufgefunden wurde.

Zurück gehen wir zunächst auf dem Weg, den wir gekommen sind. Beim Schroppweg biegen wir links ab und steigen steil aufwärts. Kurz unterhalb der Anhöhe steht mit freier Sicht auf den See eine offene **Kapelle**, die der der Bauunternehmer Himbsel kurz vor seinem Tod gestiftet hat. Wo sich die Straße

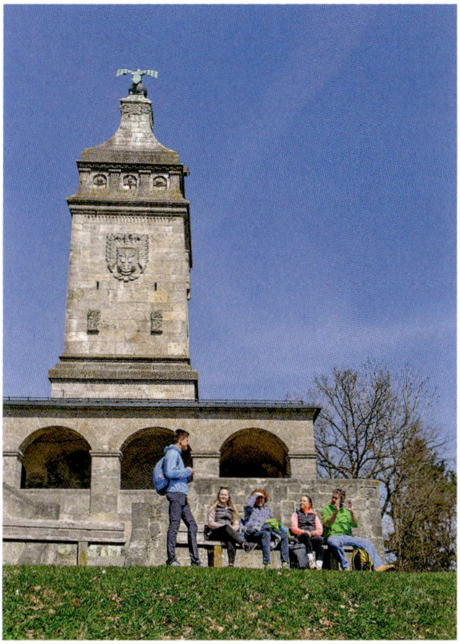

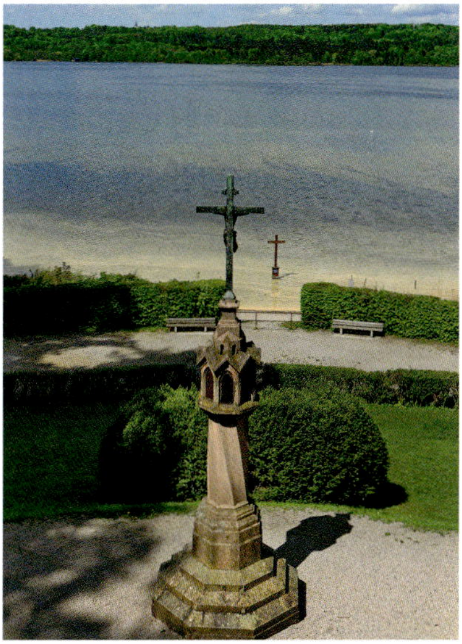

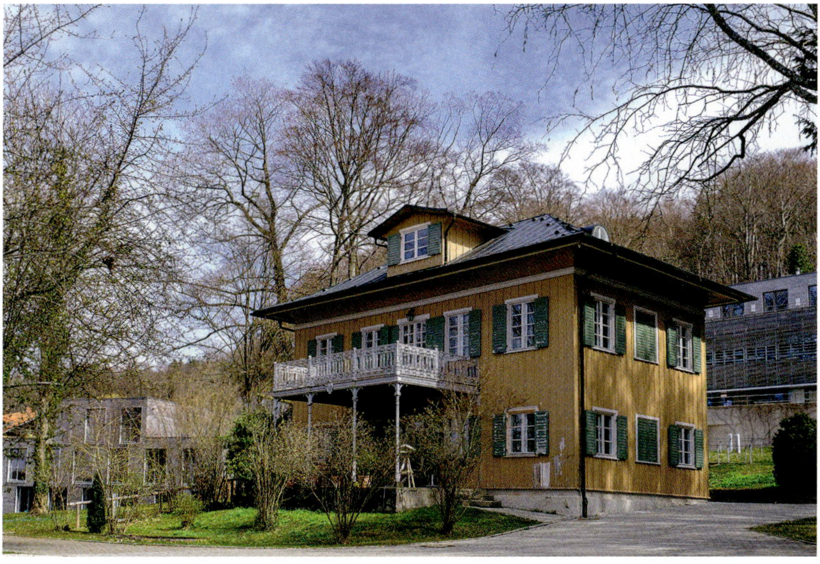

◀ Der Bismarckturm wurde durch einen Verein gebaut, dem der Prinzregent 5000 Mark dazu spendete.

▶ Die Totenleuchte wurde von der Mutter des Königs, Königin Marie, bereits ein Jahr nach dem Tod ihres Sohnes aufgestellt.

▼ Villa Hackländer

nach links wendet, gehen wir rechts auf dem Fußweg weiter und queren die alte Seilbahntrasse in den Wald hinein, deren Verlauf wir im Weiteren nun begleiten. Am **Waldcafé** entdecken wir noch das Original-Hinweisschild der alten Seilbahn. Jetzt wandern wir auf dem Rottmannsweg durch **Assenhausen**, biegen rechts in die Dürrbergstraße ein und erreichen so unseren Ausgangspunkt.

Ein Märchenkönig?

Ludwig II. wurde als erster Sohn des bayerischen Königs Max II. und seiner Gemahlin Marie 1845 auf Schloss Nymphenburg in München geboren. Nach dem frühen Tod seines Vaters bestieg er mit 19 Jahren den Thron und fühlte sich dabei nach eigenen Aussagen auf das hohe Amt nur ungenügend vorbereitet. Wenig später lernte er Richard Wagner kennen (s. Tour 20); diese Freundschaft hielt ein Leben lang.

Der verlorene Krieg 1866 gegen Preußen bedeutete für Bayern de facto den Verlust der Souveränität, einen Verlust, den der König nie überwinden sollte. Die nächste persönliche Katastrophe war der Krieg gegen Frankreich und der damit verbundene Zwang, Bismarcks Kaiserbrief zu unterzeichnen. Dadurch erhielt Ludwig II. 300 000 Taler (heute ca. 900 000 Euro) zur persönlichen Verfügung. Diese Summe war nötig, da er 1879 mit dem Bau von Neuschwanstein begonnen hatte. Er bezahlte diese und auch die nachfolgenden Bauten Linderhof und Herrenchiemsee aus seiner privaten Kasse, die jährlich mit 4,2 Millionen Gulden (entspricht heute ca. 7,2 Mio. Euro) gefüllt wurde. Viel Geld verschlang des Königs aufwendige Hofhaltung, und der verbleibende Rest genügte für seine gewaltigen Bauvorhaben bei Weitem nicht. Also machte Ludwig II. Schulden, bis er kein Geld mehr bekam. Wahrscheinlich wäre das Ende der Kreditwürdigkeit nicht so schnell erreicht gewesen, wäre er seinen Aufgaben nachgekommen – doch ab 1876 zog sich der Märchenkönig weitgehend aus der Öffentlichkeit zurück und war selbst für seine Minister kaum noch erreichbar.

Über die letzten Lebenstage des Monarchen und über seinen mysteriösen Tod 1886 im Starnberger See ist viel geschrieben und noch mehr spekuliert worden. Eines ist jedoch sicher: Als »Märchenkönig« hat er die letzten 100 Jahre im Gedächtnis vieler überlebt und wird auch weiter in ihren Erinnerungen unsterblich bleiben.

Auf einen Blick

AUSGANGSPUNKT UND ANFAHRT

Assenhausen, Parkplatz Bismarckturm; GPS 47.943637, 11.345594
Bus & Bahn: Mit der S6 nach Starnberg, weiter mit Bus 961 nach Assenhausen
Auto: Über Percha und Berg nach Assenhausen; dort am Ortsende rechts zum Parkplatz am Bismarckturm

GEHZEIT UND SCHWIERIGKEIT

Gut 7 km langer zweistündiger Spaziergang mit nur wenigen Höhenmetern (kurzer steiler Abstieg)

NOCH WICHTIG

Das Baden am Seeufer im Schlosspark ist erlaubt, nur nicht direkt am Gedenkkreuz.

BISMARCKTURM

Die Idee zur Errichtung des Turms war eigentlich eine Trotzreaktion. 1890 war Bismarck von Kaiser Wilhelm II. entlassen worden, und prompt organisierte man in München eine Huldigungsveranstaltung zu seinen Ehren. Dabei brachte Franz von Lenbach, der Bismarck porträtiert hatte, den Gedanken auf, einen Bismarckturm zu errichten. Man entschied sich für die Rottmannshöhe, die ein beliebtes Ausflugsziel der Münchner war – man fuhr mit der Bahn nach Starnberg, von dort mit dem Schiff nach Leoni und schließlich mit einer dampfgetriebenen Standseilbahn zum Hotel Rottmannshöhe, um auf dessen Dachterrasse zu speisen. Das Hotelgebäude steht heute noch (nur die Dachterrasse musste weichen); es gehört mittlerweile zum Münchner Heckscher-Klinikum.

EINKEHR

Unterwegs liegt das Fischermeister-Gastl-Café mit Biergarten sowie der Kiosk »Jeny's Café Al Lago«.

INFORMATION

www.starnbergammersee.de

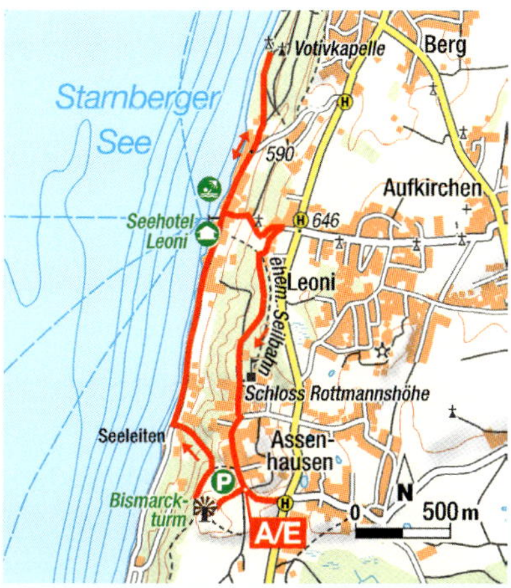

12

Von Herrsching nach Andechs

EIN HEILIGER BERG FÜR BAYERISCHE TRADITIONEN

Es gibt nicht viele Orte, die so sehr die bayerische Lebensart vermitteln wie Andechs. Hoch über dem Ammersee steht die barocke Wallfahrtskirche, immer noch Ziel vieler gläubiger Pilger, und gleich daneben lockt das berühmte Bräustüberl zu ganz anderen, nämlich weltlichen Genüssen – beides gehört nach altbayerischer Tradition untrennbar zusammen.

Von der **Schiffsanlegestelle in Herrsching** wandern wir am Ufer entlang Richtung Süden und bewundern dabei unterwegs das auf der noch recht unverbauten Westseite des Ammersees stehende alte Augustinerchorherrenstift Dießen. Am **Restaurant Seespitz** geht es in den Promenadenweg, der seinem Namen nur noch ein kurzes Stück weit Ehre macht – ab der Wasserwacht wird er zum Naturweg, und wir wandern zwischen prächtigen Villen und dem schilfbewachsenen Seeufer weiter zum **Naherholungsgebiet Wartaweil**. Dort folgen wir dem Wegweiser zum Parkplatz, unterqueren mittels eines Tunnels die Straße Herrsching–Weilheim und wenden uns am folgenden Parkplatz links. Nach gut 100 Metern erreichen wir eine breite Forststraße, die schräg rechts vom Parkplatz wegführt und als einzige mit einer Schranke gesperrt ist; auf dieser Straße wandern wir bergauf. Sie schlängelt sich mit vielen Abzweigungen durch den Wald, wir bleiben aber immer am Hauptweg.

Schließlich passieren wir ein **Quellschutzgebiet** und erreichen die Landstraße Andechs–Herrsching. Auf der anderen Straßenseite führt wieder eine

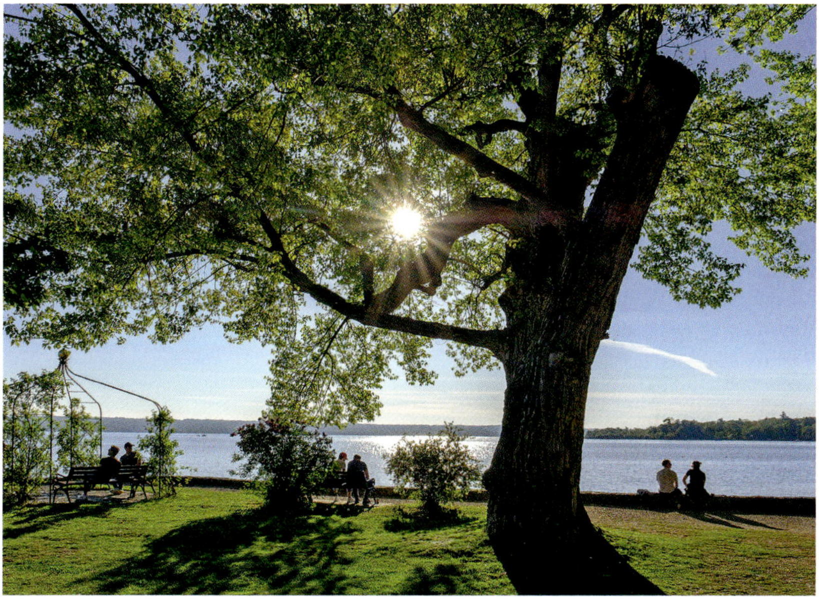

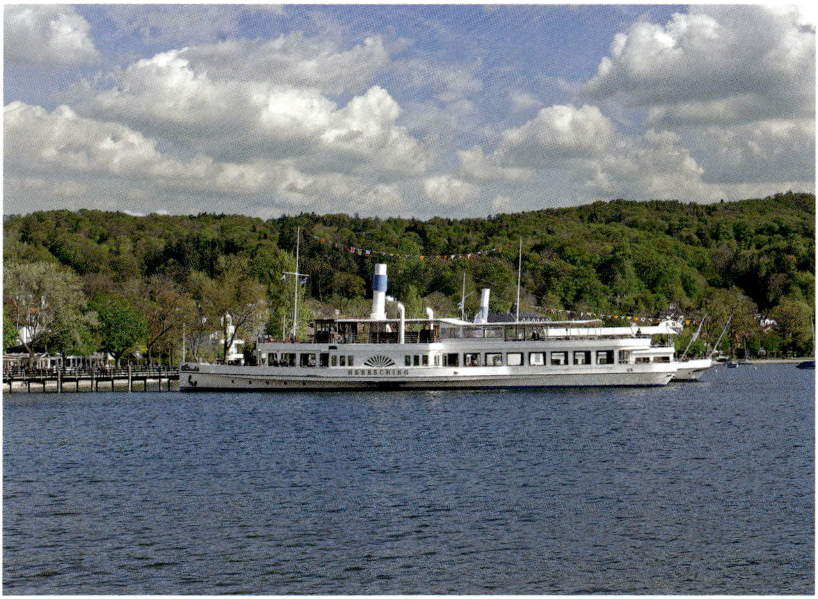

▲ An der Uferpromenade in Herrsching laden die Grünanlagen zum Sun-downer ein.
▼ Der nostalgische Raddampfer am Ammersee versetzt uns in vergangene Zeiten.

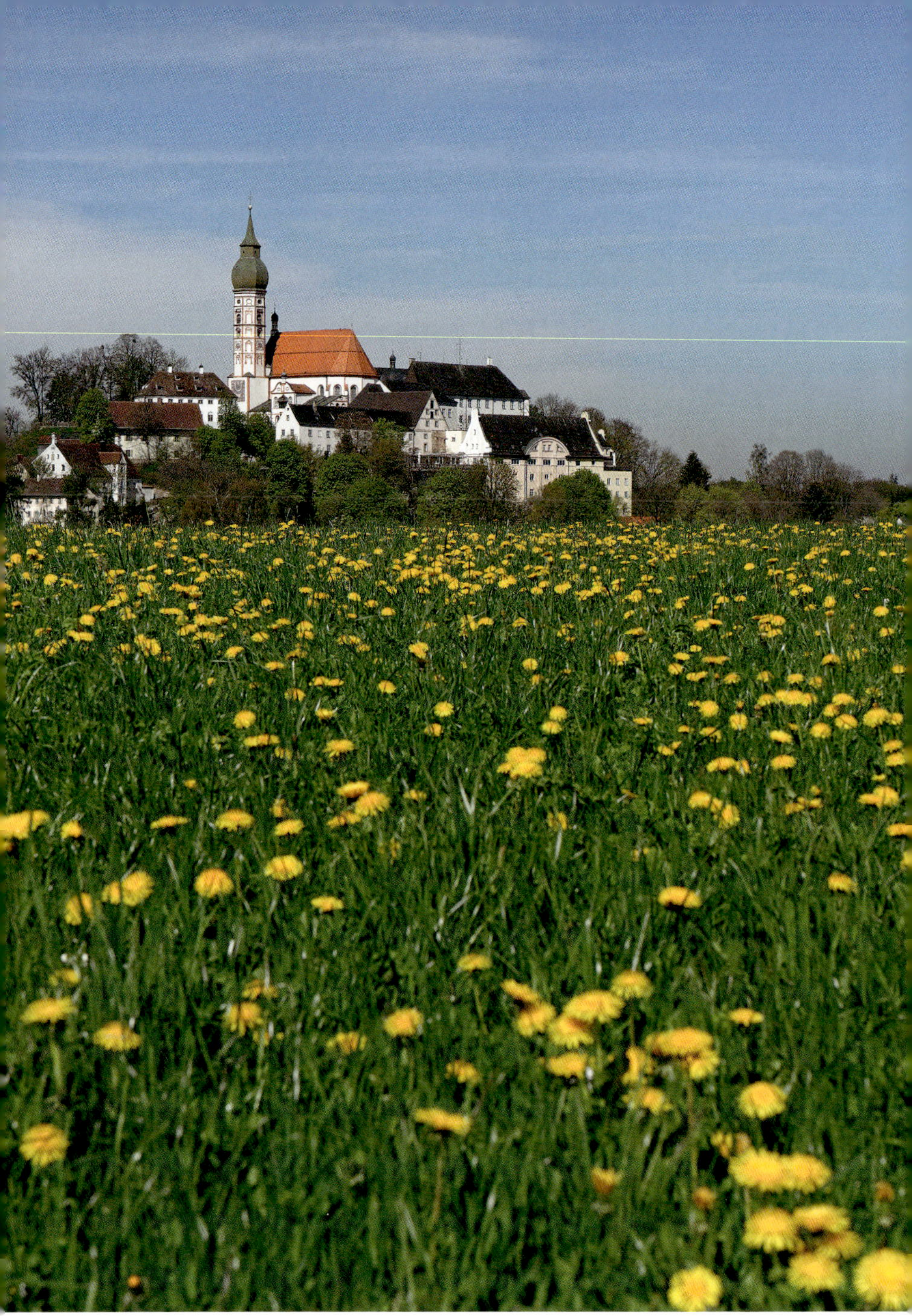

Das Kloster Andechs thront über dem Fünfseenland.

Forststraße in den Wald. Auf ihr gehen wir weiter, doch jetzt heißt es aufpassen: Die Straße steigt zuerst leicht an, dann kreuzt ein kleinerer Weg – diesem folgen wir nach rechts hinauf zum ersten Haus von **Erling**. Hier finden wir nun zahlreiche Wegweiser zum **Kloster Andechs**, das wir im Zickzack auf den Wegen und nach der Querung des Kienbachs über den Wallfahrtssteig erreichen. Dort bietet sich selbstverständlich ein Besuch der berühmten Wallfahrtskirche an, ehe wir uns im nicht minder bekannten Bräustüberl ein Mittagessen oder die Brotzeit schmecken lassen.

Zurück nach Herrsching wandern wir durch das **Kiental** auf einem der Haupt-Wanderwege zwischen See und Andechs. Hier gibt es viele Möglichkeiten, zurück ins Tal zu kommen – am einfachsten umrunden wir vom Klosterladen aus im Uhrzeigersinn den »Heiligen Berg«. Dabei führt unser Weg an der Klostermauer entlang, links fällt der Hang steil zum Kiental ab. Wir passieren ein kleines Mauergeviert mit dem Privatfriedhof der Wittelsbacher, in dem die Mitglieder der Königslinie begraben werden (nicht öffentlich zugänglich). Am Ende der Klostermauer geht es noch etwa 100 Meter an der Hangkante entlang, dann steigen wir links über Treppen zu dem breiten Weg Richtung Herrsching hinab. Wir erreichen über ihn die ersten Häuser von Herrsching und wandern durch die Kientalstraße zur belebten Luitpoldstraße. Dort biegen wir links ab, kommen bei der Pfarrkirche St. Nikolaus in die Bahnhofstraße und gelangen zum Bahnhof. Von hier geht es links und dann gleich wieder rechts zur **Schiffsanlegestelle Herrsching** zurück.

Wallfahrtsort für Pilger und Partyfreunde

Andechs ist weit über Bayern hinaus bekannt. Der Grund für diesen Ruhm ist das Bier der Benediktiner, das hier im Bräustüberl reichlich fließt. Dennoch ist **Andechs** in erster Linie ein Kloster, das zwar schon seit über 500 Jahren besteht, dessen Geschichte aber noch weiter zurückreicht: Auf dem Höhenrücken errichteten bereits um 1100 die Grafen von Dießen eine Burg, als ihr Geschlecht durch geschickte politische Händel zu Bedeutung kam. Sie nannten sich von da an Grafen von Andechs-Meranien (wobei mit Meranien die heutige Südsteiermark, Friaul, Slowenien und Kroatien gemeint waren). Doch die Andechser hatten Pech: Als am 21. Juni 1208 Pfalzgraf Otto den Stauferkönig Philipp ermordete, wurden sie der Mitwisserschaft verdächtigt und in Acht und Bann gelegt. Bis ihre Unschuld bewiesen wurde, hatten sie ihr Stammland bereits an die Wittelsbacher verloren. Diese waren jetzt Herren auf dem Burgberg von Andechs, nicht ahnend, dass sie einen kostbaren Schatz geerbt hatten – ihre Vorgänger, die Andechs-Meranier, waren leidenschaftliche Reliquiensammler gewesen, u. a. gehörte ihnen eine Monstranz mit drei wundertätigen Hostien, das Brautkleid der Hl. Elisabeth, ein Span vom Kreuz Christi, ein Zweig der Dornenkrone und vieles mehr. Diesen Schatz hatten sie vor ihrer Flucht unter dem Altar der Burgkapelle versteckt, erst 180 Jahre später sollte er gefunden werden.

Damit begann der Aufstieg der Burg zum Pilgerziel. Das Benediktinerkloster gründete Herzog Albrecht III., wobei sein Vater Ernst bereits 1420–1425 die Wallfahrtskirche erbauen ließ. In der Barockzeit wurde die Kirche neu ausgestaltet, der gotische Raum blieb jedoch erhalten. Und die Wittelsbacher sparten nicht an der Verschönerung ihres Klosters: Viele bedeutende Künstler des späten 17. und des 18. Jahrhunderts trugen zur Umgestaltung bei – dieses Kunstwerk dürfen wir noch heute bestaunen.

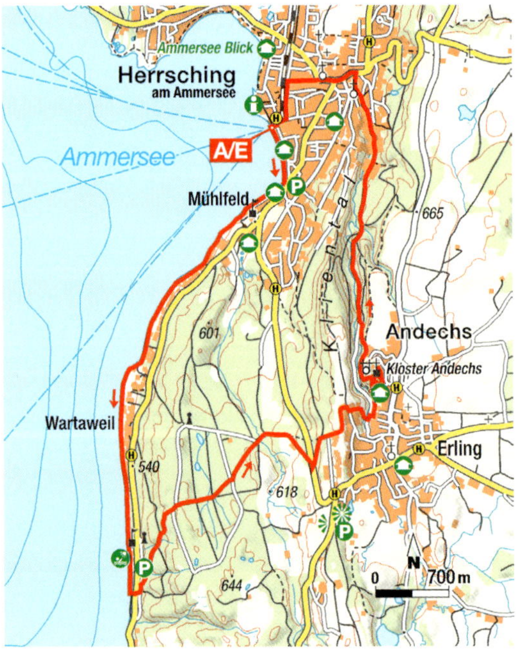

Auf einen Blick

AUSGANGSPUNKT UND ANFAHRT

Herrsching, Schiffsanlegestelle; GPS 47.995098, 11.169472
Bus & Bahn: Herrsching ist Endstation der S5, und über die Straße Landungssteg und durch die Seestraße erreicht man vom Bahnhof zu Fuß in 5 Min. die Schiffsanlegestelle.
Auto: Über die A 96 bis Ausfahrt Inning und von dort weiter bis nach Herrsching. Parkplätze findet man am Bahnhof und an den nördlichen und südlichen Ortseingängen.

GEHZEIT UND SCHWIERIGKEIT

Mit 12 km Länge und gut 200 Hm eine etwas anstrengendere Wanderung mit wenigen Steigungen, für die wir knapp 4 Std. brauchen

NOCH WICHTIG

Auf der Strecke bis Wartaweil gibt es einige wunderschöne ruhige Badestellen.

SCHEUERMANN-VILLA

Das Herrschinger Kurparkschlössl an der Uferpromenade ließ sich der Maler Ludwig Scheuermann 1889 erbauen; als Vorbilder dienten dabei Sommerhäuser des italienischen Adels, die er mit eigenen Ideen kombinierte. Scheuermann stammte aus einer Augsburger Kaufmannsfamilie, die nach Südafrika ausgewandert war. Dort wurde er 1859 geboren, kam aber nach dem frühen Tod seines Vaters wieder nach Augsburg zurück. Er studierte in München und Paris Malerei und ließ sich nach einigen Jahren des Reisens in München nieder. Seine große Spezialität war die Genremalerei, also die Darstellung von alltäglichen Szenen. Diese Bilder waren teuer und sehr beliebt, und Künstler wie Scheuermann konnten damit viel Geld verdienen. Sein Erfolg wurde nicht nur durch ein luxuriöses Atelier in München offenbar, sondern auch durch das aufwendige Landhaus in Herrsching, in dem oft rauschende Feste stattfanden. Heute gehört das Haus der Gemeinde und wird für kulturelle Zwecke genutzt; der weite Park ist öffentlich zugänglich.

EINKEHR

Unterwegs lockt im Kloster Andechs natürlich das legendäre Bräustüberl mit seinem schönen Biergarten.

INFORMATION

www.starnbergammersee.de

13

Durch die Pähler Schlucht

VERBOTENE LEIDENSCHAFT VERGANGENER ZEITEN – DAS LIEBESNEST SCHLOSS PÄHL

Eine abwechslungsreiche Wanderung führt durch die schmale und wilde Schlucht zum altbayerischen Edelsitz bei Pähl, der über den Ammersee wacht und eine lange Geschichte aufzuweisen hat.

Von der **Pähler Pfarrkirche St. Laurentius** starten wir in die sich im weiten Bogen windende Kirchstraße, dann geht es rechts in die Hesseloher Straße. An der Bushaltestelle biegen wir links in die Sternstraße ein und wandern den Berg aufwärts. Aber schon in der Rechtskurve schickt uns ein Schild links zur Pähler Schlucht: Ein zunächst breiter und bequemer Wanderweg führt am Waldrand entlang, dann geht es schräg abwärts zum Burgleitenbach und an ihm entlang hinein in die **Pähler Schlucht**.

Mit dem bequemen Weg ist es nun vorbei – am **Pumpenhaus**, das einst das Hochschloss mit Wasser versorgte, beginnt ein Pfad, den wir uns mal tief unten am Wasser, mal weiter oben suchen müssen. Wir wechseln dabei ein paarmal die Bachseite, je nachdem, wo ein einigermaßen begehbarer Pfad zu finden ist. Das geht bei Niedrigwasser über die Steine im Bachbett ganz gut, ansonsten heißt es Schuhe ausziehen und: Spaß haben!

Ab dem Pumpenhaus sind es etwa 500 Meter, dann haben wir auch schon das **Ende der Schlucht** erreicht, und zwar an einem kleinen, runden und ebenen Platz, bei dem ein Wasserfall über eine Höhenstufe plätschert. Hier ist es auch im heißesten Sommer wunderbar kühl. Nach der Rast wandern wir auf dem Pfad, den wir gekommen sind, zurück zum **Pumpenhaus**. Etwa 100 Meter vor

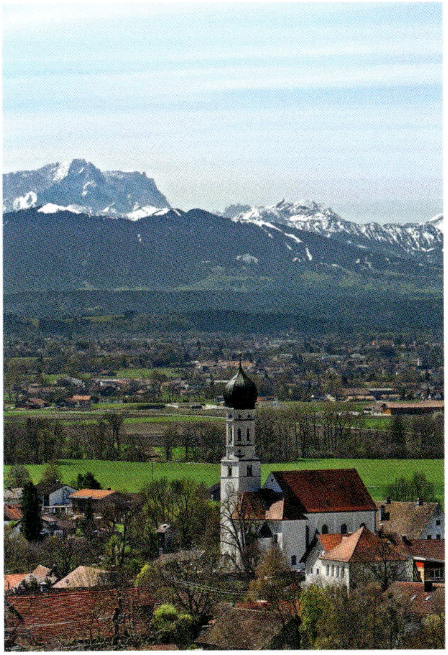

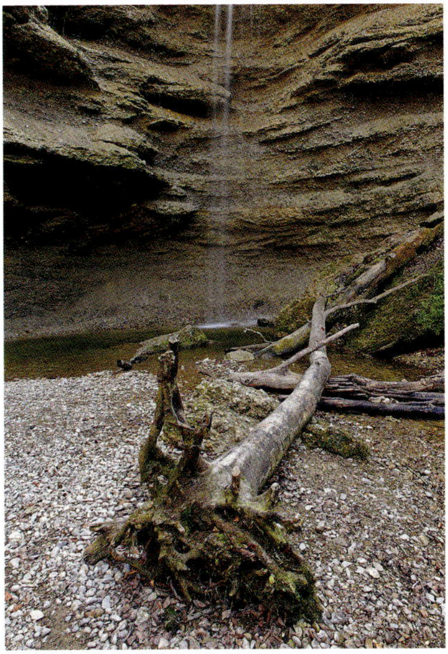

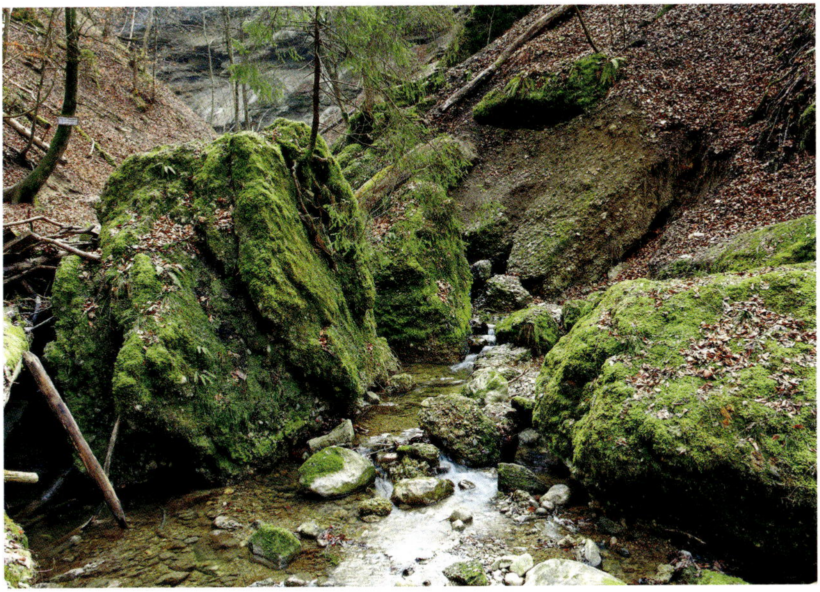

◀ Pähl liegt vor dem Ammermoor und erlaubt Ausblicke zur Alpenkette.
▶ Sogar einen Wasserfall gibt es.
▼ Wildromantisch darf sich die Natur in der Pähler Schlucht entfalten.

dem Haus wechseln wir aber auf die rechte Bachseite, denn von hier können wir durch eine offene Tür ins Innere des Pumpenhauses lugen und das große Wasserrad betrachten, das früher mit Wasser aus einem Weiher oberhalb der Station angetrieben wurde. Das Rad setzte eine Pumpe in Gang, mittels derer man Trinkwasser zum Schloss befördern konnte.

Oberhalb des Pumpenhauses beginnt ein breiterer Weg, der uns langsam aus der Schlucht hinausführt. Am **Hochschloss Pähl** entlang und über einen Steig wandern wir abwärts. An der Straße angekommen, halten wir uns zuerst links, dann geht es auf bekanntem Weg nach rechts zurück zu unserem Ausgangspunkt bei der **Pähler Pfarrkirche St. Laurentius**.

Ein herzogliches Liebesnest

Das **Hochschloss Pähl** gehörte einst **Franz Hanfstaengl**, dem Vater von Edgar Hanfstaengl, einem bekannten Münchner Kunstverleger. International gebildet, bestens aussehend, stets elegant gekleidet und zudem Erbe des bekannten und prosperierenden Fotoateliers bzw. Kunstverlags, gehörte Franz Hanfstaengl zur obersten Schicht des Bürgertums. Dann wurde es spannend: Ausgerechnet drei Tage nach ihrer Verlobung mit dem bayerischen König Ludwig II. begegnete ihm im Januar 1867 **Herzogin Sophie**, die jüngste Tochter von Herzog Max in Bayern, der in Possenhofen residierte (s. Tour 3), und um beide war es offensichtlich geschehen – Sophie verliebte sich hoffnungslos in den Verlegersohn und er sich in sie. Obwohl beide wussten, dass sie nie eine eheliche Verbindung eingehen konnten, trafen sie sich regelmäßig unter höchster Geheimhaltung im Hochschloss Pähl, das nur eine Reitstunde von Possenhofen entfernt liegt. Ein gutes halbes Jahr darauf wurde Sophies königliche Verlobung mit dem zukünftigen Märchenkönig wieder gelöst, und Ludwig nahm die Schuld auf sich – ob er von der skandalösen Beziehung seiner Braut zu Hanfstaengl erfahren hatte oder nicht, wurde nie aufgeklärt.

Als Franz Hanfstaengl das Schloss Pähl kaufte, ließ er sich von Gottfried Semper die Pläne für den Umbau ausarbeiten, musste aber feststellen, dass seine finanziellen Mittel dafür in keiner Weise ausreichten. Kurz nach dem Tod des Vaters 1877 verkaufte Edgar das Schloss an E. O. Czermak, einen Privatmann aus Pähl. Dieser ließ alles radikal abreißen und stattdessen einen Neubau im historisierenden Stil errichten, der heute der Familie von Stauffenberg gehört.

Auf einen Blick

AUSGANGSPUNKT UND ANFAHRT

Pähl, Pfarrkirche St. Laurentius; GPS 47.905751, 11.177844
Bus & Bahn: Mit dem Zug nach Weilheim und weiter mit dem Bus 9653 nach Pähl
Auto: Pähl liegt an der B 2 Richtung Weilheim; einige Parkplätze findet man rund um die Kirche.

GEHZEIT UND SCHWIERIGKEIT

Kurze Wanderung (4 km, 1.30 Std., 100 Hm) auf Waldwegen, teilweise auf einem Pfad an den Hängen der Schlucht entlang (nur für trittsichere Kinder geeignet). An Tagen nach starkem Regen empfehlen wir Gummistiefel zum Überqueren des Bachs.

NOCH WICHTIG

Auch die prachtvoll dekorierte Rokokokirche St. Laurentius in Pähl ist einen Besuch wert – ihr Freskenschmuck ist eines der Hauptwerke von Johann Baptist Baader; die dargestellten Personen zeigen eine unglaubliche Dramatik.

VORGESCHICHTE

Die Geschichte des Pähler Hochschlosses reicht weit zurück. Man nimmt an, dass hier einst ein römischer Wachtturm stand, denn die Lage war ideal und überdies fand man ganz in der Nähe römische Relikte. Gesichert ist eine Burg der Grafen von Andechs-Wolfratshausen im 12. Jh., die später an die Wittelsbacher überging. Für sie war die Burg ein Verwaltungsbau, in dem der Landrichter wohnte und Recht sprach; da die Instandhaltung der Burg aber viel Geld kostete, verlegte man 1520 den Gerichtssitz in die aufstrebende Stadt Weilheim.

EINKEHR

Mehrere Gasthöfe in Pähl: Gasthof Alte Post, Müller's Lust, Neue Post

INFORMATION

www.tourist-info-diessen.de

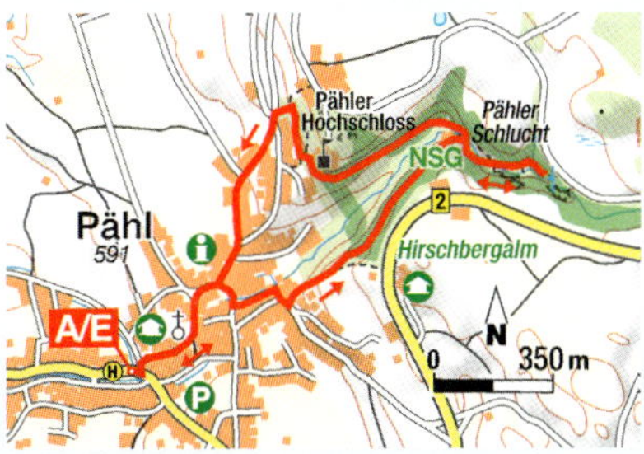

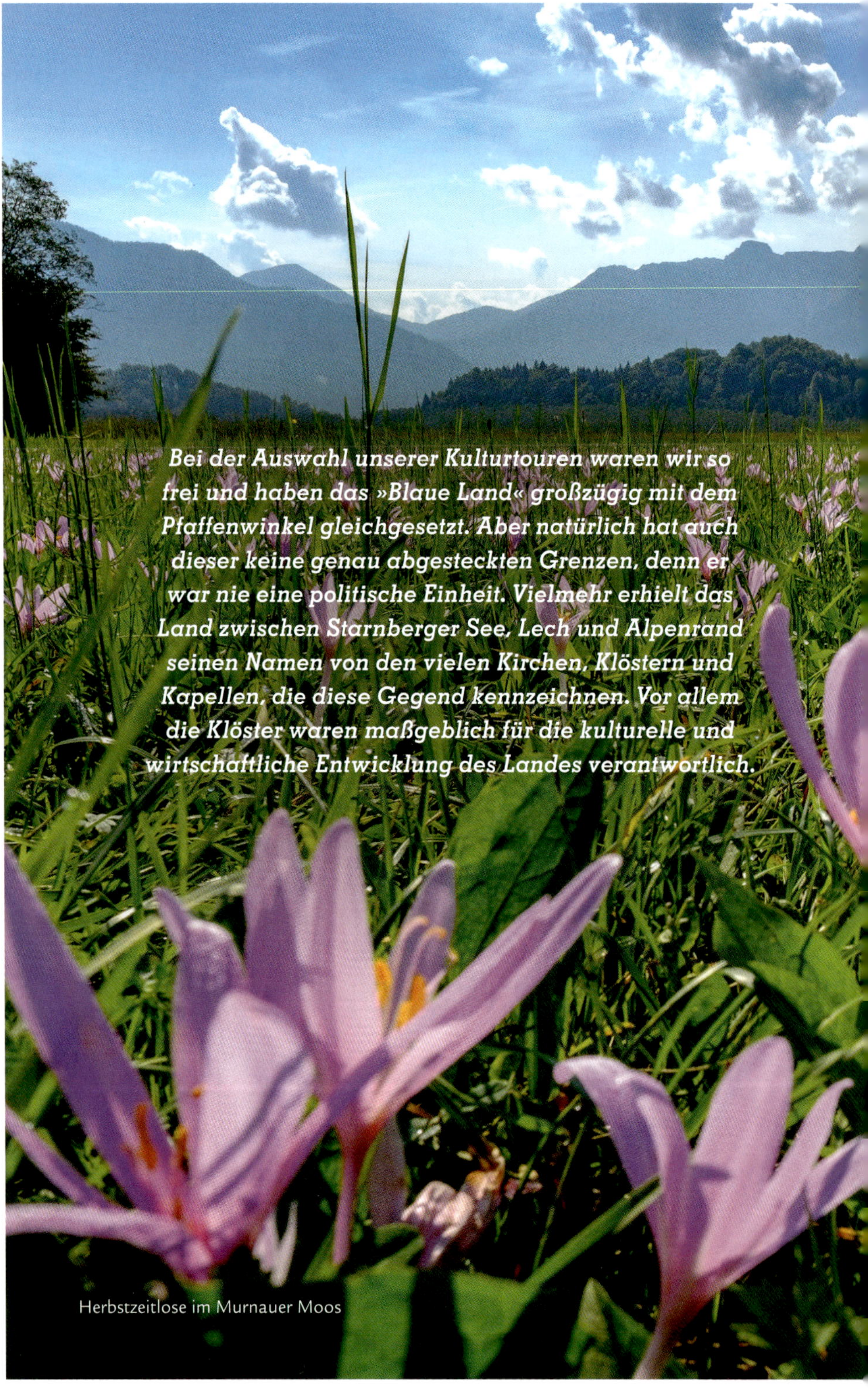

Bei der Auswahl unserer Kulturtouren waren wir so frei und haben das »Blaue Land« großzügig mit dem Pfaffenwinkel gleichgesetzt. Aber natürlich hat auch dieser keine genau abgesteckten Grenzen, denn er war nie eine politische Einheit. Vielmehr erhielt das Land zwischen Starnberger See, Lech und Alpenrand seinen Namen von den vielen Kirchen, Klöstern und Kapellen, die diese Gegend kennzeichnen. Vor allem die Klöster waren maßgeblich für die kulturelle und wirtschaftliche Entwicklung des Landes verantwortlich.

Herbstzeitlose im Murnauer Moos

Blaues Land zwischen Ammer und Isar

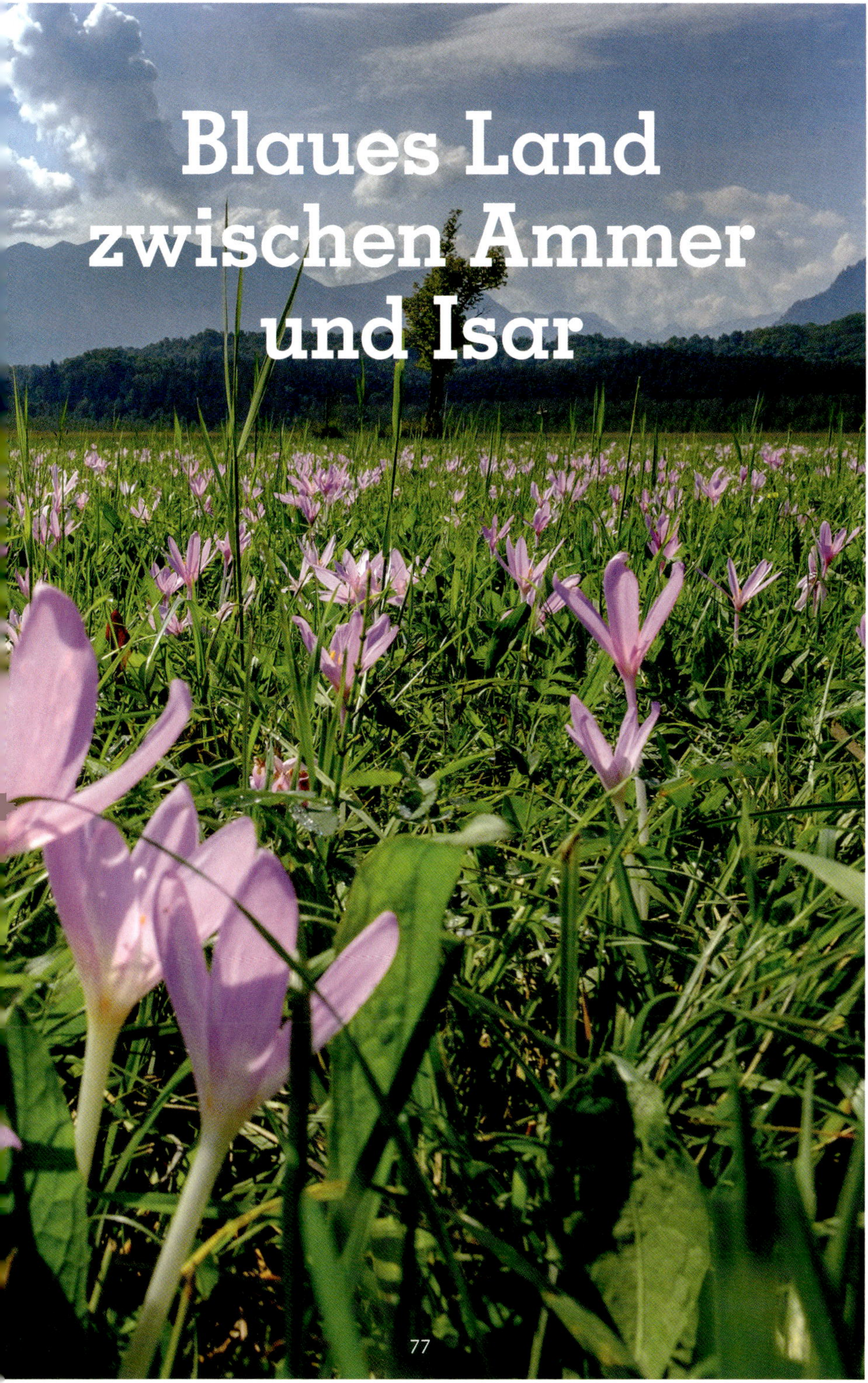

14

In den Wäldern von Wessobrunn

IM LAND TASSILOS III., DEM GRÜNDERVATER DES CHRISTLICHEN GLAUBENS

Kaum jemand kennt die einsamen Wege westlich von Wessobrunn, die, begleitet von wunderbaren Bergblicken, über Felder und durch die Moorlandschaft führen. Sie bringen uns zu einem verschwiegenen Waldweiher, in dem man herrlich baden kann. Und ganz nebenbei erfahren wir auch noch einiges über den Klostergründer Tassilo III.

Wir starten am Gedenkstein mit dem **Wessobrunner Gebet**. Auf der Dorfstraße (der Zöpfstraße) geht es nach Süden, vorbei am Gasthof zum Löwen, dann halten wir uns rechts in die Zimmermannstraße. Wo diese sich an einem Abenteuerspielplatz nach links wendet, bleiben wir geradeaus und folgen dem Jakob- und König-Ludwig-Weg steil abwärts in den Wald.

An der Talsohle angekommen, queren wir auf einem Steg den **Schlittbach** und steigen im Anschluss ebenso steil über Stufen wieder empor zum Rand einer Wiese. An ihr entlang wird der Weg wieder breiter, und er führt uns am einsamen Hof **Pürschlehen** vorbei zu einer Straßenverzweigung. Hier verlassen wir den König-Ludwig- bzw. den Jakobsweg und wenden uns nach rechts. Auf dem Sträßchen kommen wir nach **Strehberg**, das nur aus einem Hof und zwei Häusern besteht. Hier biegt die Straße nach links ab, wir bleiben aber geradeaus, wandern auf den Hof zu und halten uns noch davor rechts auf einen Feldweg. So umrunden wir die Gebäude auf ihrer Nordseite, dahinter geht es auf einem Feldweg weiter.

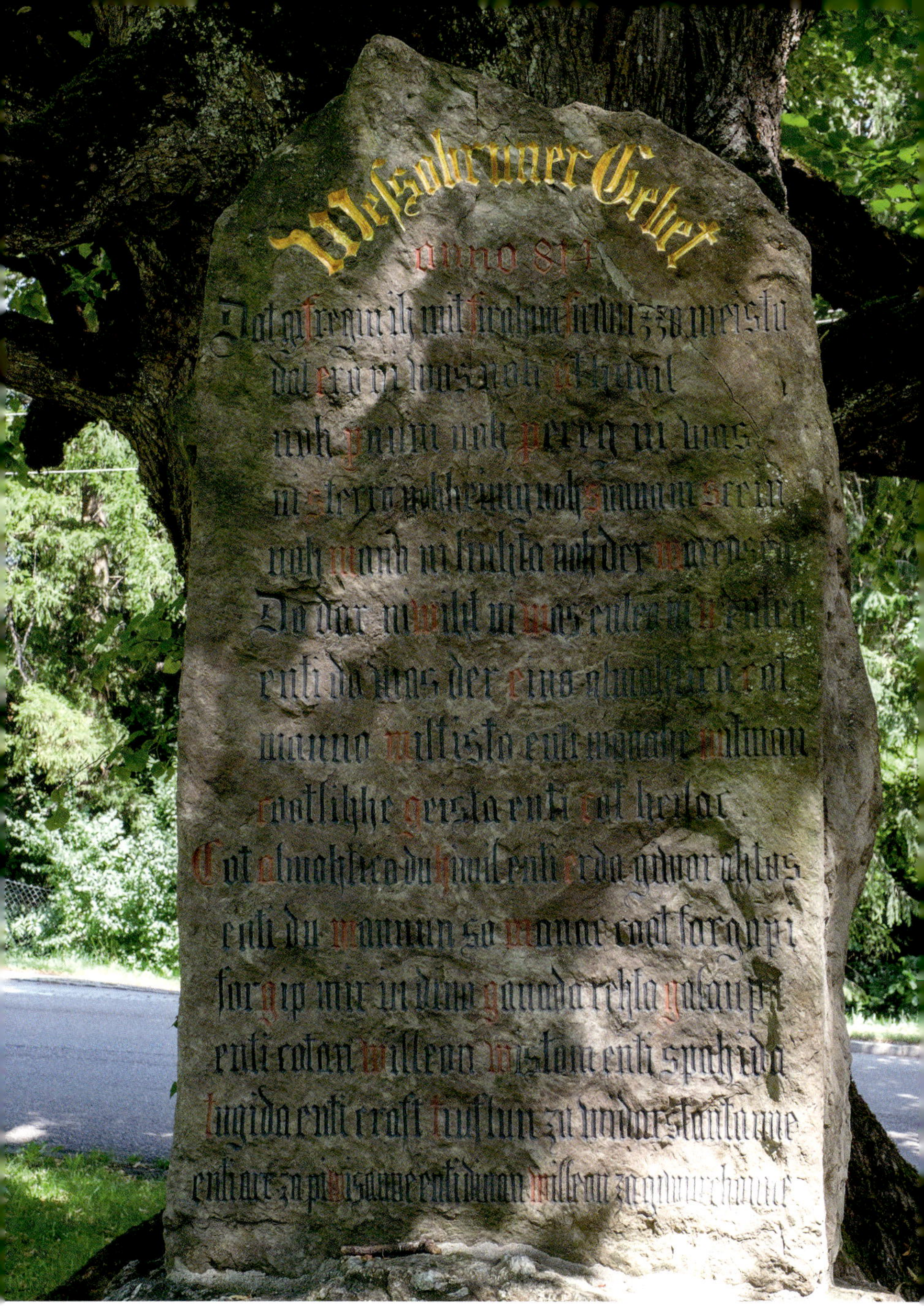

Das Wessobrunner Gebet ist eine der ältesten poetischen Schriften in Altdeutsch. Es wurde als Nachbildung im Stein verewigt.

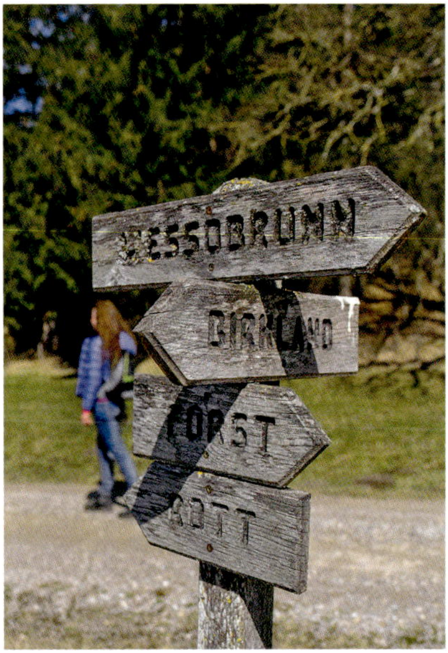

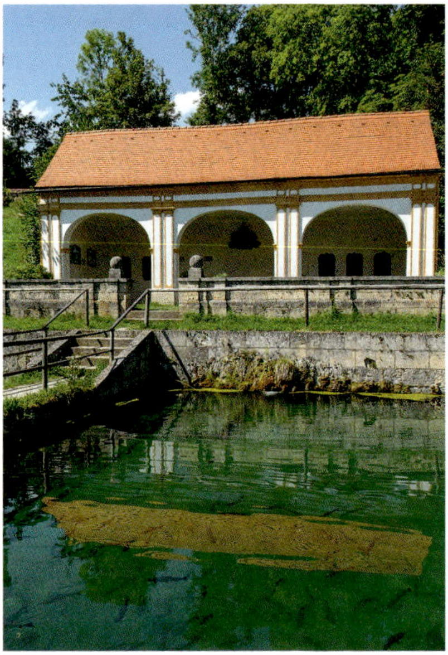

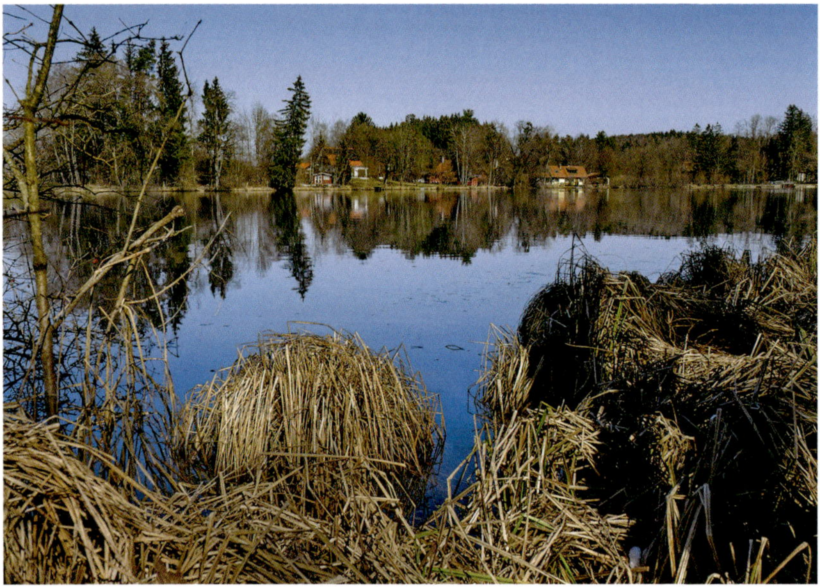

◀ Einsame Wanderwege führen über die Hügel und Felder bei Wessobrunn.
▶ Das alte Brunnenhaus mit den Heiligen Quellen
▼ Am Nordufer des Engelrieder Sees kann man einkehren und auch baden.

Der Blick auf die Berge am Horizont wird immer schöner, und bald schon schauen wir bis weit in die Alpen hinein. Der Feldweg gibt nun immer die Richtung vor, die Abzweigung nach rechts zurück nach Wessobrunn ignorieren wir, ebenso die bald folgende Abzweigung nach links Richtung Birkland. Wir nähern uns der Talsohle, und noch einmal zweigt ein Weg nach links ab – auch hier bleiben wir geradeaus. Links von uns befindet sich nun ein abgeholzter Bereich, rechts von uns erstreckt sich eine Wiese, hinter der wir schon den Kirchturm von Rott sehen können. Am Waldrand folgen wir dem Rechtsverlauf des Feldwegs, und kurz darauf geht es über die Felder und an einem Stadl vorbei zu einer Wegkreuzung.

Hier biegen wir rechts ab und folgen dem für Anlieger freigegebenen Weg, der uns zum Waldrand bringt. Links von uns sehen wir den Ausläufer des **Engelrieder Sees**. Am Waldrand halten wir uns rechts, passieren eine Schranke und wandern auf dem Waldweg am Südufer des Sees entlang. Der Weg mündet in einen weiteren Forstweg, und nach rechts werden wir hier später den Rückweg fortsetzen. Vorerst wenden wir uns nach links und spazieren zum See. Die Badestelle finden wir auf der Nordseite, direkt beim griechischen **Gasthaus Seehäusl**.

Für den Rückweg spazieren wir über das Wehr und wieder in den Wald hinein und bleiben dort geradeaus. Ab jetzt ist der Weg mit der Nr. W3 gut beschildert. Zum Wegende hin lichtet sich der Wald, und wir erreichen an einem Bauernhof den Ortsrand von Wessobrunn. Dort biegen wir in die Feichtmayerstraße rechts ein, die uns zurück zur Zöpfstraße bringt. Nach links sind wir kurz darauf wieder am **Kloster Wessobrunn**, das wir – sofern noch nicht geschehen – unbedingt noch besuchen sollten.

Tragischer Gründervater

Das Kloster wurde der Legende nach 753 vom letzten Agilolfinger **Herzog Tassilo III.** gegründet. Seine Mutter war die Schwester des großen Frankenkönigs Pippin, er selbst ein Vetter Karls des Großen, seinem späteren Gegenspieler. Bereits mit sieben Jahren wurde er zum Herzog von Bayern ernannt und war Herrscher über die Bajuwaren, ein Volk aus zugewanderten Germanenstämmen, Kelten und in der Gegend verbliebenen Römern.

Wie die Legende berichtet, soll er während der Jagd eine Nacht im nahen Wald bei Wessobrunn verbracht haben. Dabei träumte er von sprudelnden Quellen, die von Heiligen umringt waren. Er ließ am nächsten Tag danach suchen, wurde fündig und verstand dies als göttliche Fügung, ein Kloster bei diesen Quellen zu errichten. So wurde das Kloster im 8. Jahrhundert erbaut. Tassilo war damals – zu dieser Zeit keine Selbstverständlichkeit – schon tief im christlichen Glauben verwurzelt. Allerdings hatten seine Klostergründungen nicht nur religiöse Hintergründe, sondern durchaus auch politisches Kalkül. Allerdings verdarb sich Tassilo im politischen Geklüngel sein Verhältnis zu dem immer mächtiger werdenden Kaiser Karl. Als der Familienzwist eskalierte, wurde Tassilo 788 in einem Prozess auf dem Reichstag in der Ingelheimer Pfalz der Fahnenflucht und Untreue beschuldigt und zum Tode verurteilt. In letzter Sekunde begnadigt, verbannte man ihn als Mönch in ein Kloster. Bis heute weiß man nicht, in welchem Kloster er seine letzten Lebenstage verbrachte. Geblieben sind außer dem weltberühmten Tassilo-Kelch aber eine Vielzahl an Klostergründungen, wie z. B. Stift Mattsee, Kloster Frauenchiemsee, Kloster Niedermünster, Kloster Polling (s. Tour 15) und eben: Wessobrunn.

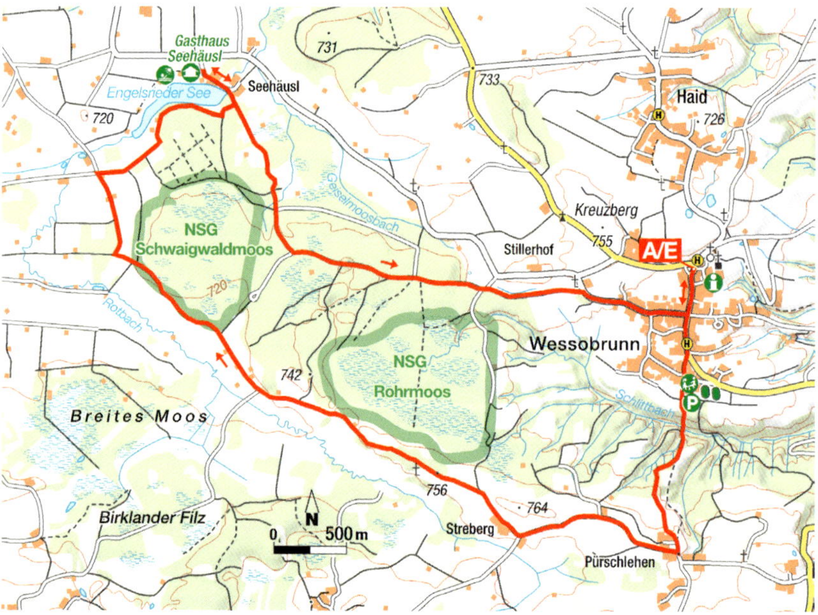

Auf einen Blick

AUSGANGSPUNKT UND ANFAHRT

Wessobrunn, Gebets-Gedenkstein;
GPS 47.876837, 11.024325
Bus & Bahn: Mit dem Zug nach Weilheim, weiter mit Bus 9652 bis Haltestelle Wessobrunn-Ortsmitte und dort die Tour beginnen
Auto: Wessobrunn liegt südwestlich von Dießen am Ammersee. Am ehemaligen Kloster gibt es einige ausgewiesene Parkplätze. Unser Ausgangspunkt am Wessobrunner Gebet liegt an der Dorfstraße gegenüber der Klostereinfahrt, am Platz mit den großen Linden.

GEHZEIT UND SCHWIERIGKEIT

Eine mit 120 Hm und 14 km längere, einsame Wanderung auf Feld- und Waldwegen, für die wir 4 Std. einplanen. Badesachen nicht vergessen!

KLOSTER WESSOBRUNN

Von den ursprünglichen Bauteilen ist durch die wechselvolle Geschichte nicht viel übrig geblieben. Die Quellen hinter der Pfarrkirche St. Johannes gibt es aber noch immer. Auffallend am alten Kloster ist der »Graue Herzog«, der frei stehende romanische Campanile, der ursprünglich zur alten Klosterkirche gehörte. Diese befand sich auf dem freien Platz neben dem Turm, wurde aber während der Säkularisation dem Erdboden gleichgemacht. In der Nähe steht die barocke Pfarrkirche; in ihrem Inneren zeigt ein spätromanisches Kruzifix frühe Schnitzkunst – es ist der klägliche Rest der einst an Kunstschätzen so reichen Klosterkirche. Heute ist das Kloster an einen Naturkosmetik-Hersteller verpachtet.
Bei einer Führung kann man sich den reich verzierten Fürstentrakt im Kloster ansehen, die Wiege des Wessobrunner Stucks (www.klosterwessobrunn.de).

EINKEHR

Das Gasthaus Seehäusl liegt am Engelsrieder See und serviert griechische Küche (April–Sept. kein Ruhetag, im Winter Mo geschlossen). Am Ende der Wanderung können wir in Wessobrunn direkt am Start- und Zielpunkt im Gasthof zur Post einkehren (Mi Ruhetag).

INFORMATION

www.wessobrunn.de

15

Rund um Polling

AUF DEN SPUREN THOMAS MANNS
UNTERWEGS ZU BERND ZIMMERS
MODERNER STOA169

Südlich von Weilheim liegt das Kloster Polling, dessen Besuch ein kulturelles Highlight ist. Daneben locken aber auch der Doktor-Faustus-Weg und das sich ständig weiterentwickelnde Kunstwerk der STOA169 zu einer Wanderung – geradezu perfekt lassen sich auf dieser Tour also Natur- und Kulturgenuss miteinander kombinieren.

Von der **Pollinger Klosterkirche** wandern wir über den Tiefenbach und wenden uns unmittelbar danach rechts. Wir passieren das **Wohnhaus der Familie Mann** und erreichen dahinter die Tassilostraße, in die wir links einbiegen. An ihrem Ende geht es für uns rechts in die Bahnhofstraße, und so queren wir kurz darauf die Bahnlinie. Die Schienen werden immer noch benutzt, aber schon seit 1984 hält kein Zug mehr am Pollinger Bahnhof.

Dahinter folgen wir links dem Feldweg, und kurz darauf zweigt links der Doktor-Faustus-Weg ab. Hierher werden wir nach der Besichtigung der Säulenhalle zurückkommen. Vorerst bleiben wir geradeaus und treffen bald auf die Ammer, die wir flussaufwärts zum Kunstwerk **STOA169** begleiten. Die Säulenhalle liegt mitten auf einer Wiese. Eine Spende ist gern gesehen, denn natürlich finanziert sich ein solches Highlight nicht von allein.

Nachdem wir alles erkundet haben, wandern wir zur Abzweigung des **Doktor-Faustus-Wegs** zurück. Jetzt geht es rechts auf Wiesenwegen hinauf auf den knapp 600 Meter hohen **Ammerberg**. Beeindruckend ist von hier oben die weite Sicht über das Dorf hinweg bis zu den nahen Alpen. Wieder abwärts, wandern wir auf dem Anrainersträßchen links zur Bahn und dort nach rechts,

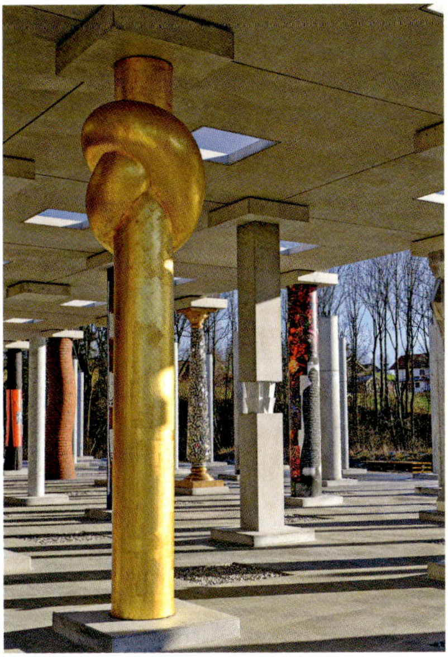

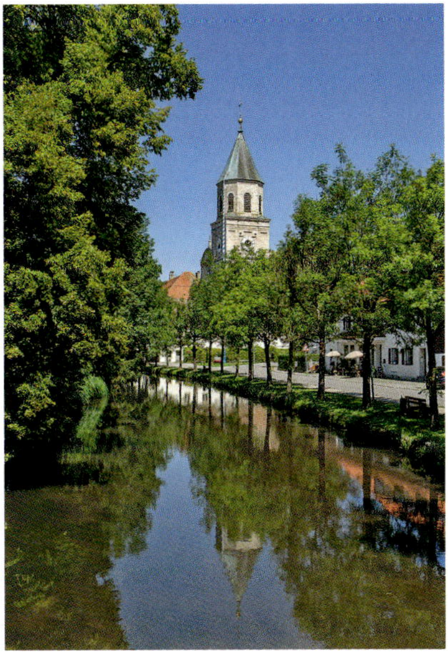

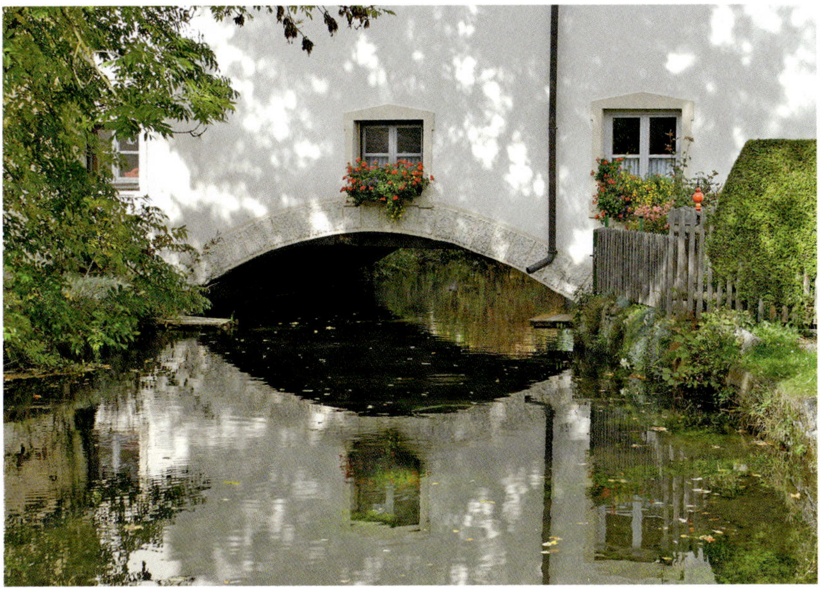

◀ Die STOA169 ist ein faszinierendes Kunstprojekt, das immer noch erweitert wird.
▶ Die Pollinger Klosterkirche ist Ausgangspunkt und Ziel unserer Tour.
▼ Pittoresk und geruhsam fließt der Tiefenbach durch Polling.

um die Gleise zu queren. Ein Trampelpfad bringt uns neben der Straße zum schilfumrandeten **Streicherweiher**, der im Roman »Doktor Faustus« von Thomas Mann als Klammerweiher erscheint.

Wir wandern ein Stück um den Weiher herum, dann geht es auf Wurzelwegen links auf den kleinen bewaldeten Höhenrücken, den **Schafbichl**, hinauf. Aussichtsreich blicken wir zwischen den Bäumen auf Polling hinüber. Am Ende wendet sich der Weg nach links und führt uns abwärts zu einem Feldweg. Diesem folgen wir nun nach links. Um nicht entlang der Ortsstraße gehen zu müssen, biegen wir auf Höhe der ersten Wohnhäuser rechts in den Feldweg ein. Wo der Weg sich nach links wendet, treffen wir auf die Dorfstraße. Das letzte Stück folgen wir dieser nach rechts, bis wir den malerischen Tiefenbach und damit auch wieder die **Pollinger Klosterkirche** erreicht haben.

Geschichte(n) rund um Polling

Ein Großteil unserer Wanderung führt über den **Doktor-Faustus-Weg**, einen literarischen Themenweg, denn: Polling ist das fiktive Dorf Pfeiffering und damit einer der Schauplätze in Thomas Manns Roman »Doktor Faustus«. An 13 Stationen kann man auf diesem Weg Texte und Erläuterungen zum Roman nachlesen, stets an typischen Stellen, die sich auch im Roman identifizieren lassen. **Thomas Mann** kannte Polling genau, verbrachte der Nobelpreisträger doch einige Male seinen Urlaub in dem oberbayerischen Dorf, das unter Künstlern sehr beliebt war. Auch seine Mutter lebte zeitweise hier, wobei es sicherlich nicht nur gute Erinnerungen an Polling gab – 1910 nahm sich seine jüngste Schwester Clara hier das Leben.

»Liberalitas Bavariae« prangt in goldenen Buchstaben über dem Eingang der **Pollinger Klosterkirche**. Dieser Sinnspruch dokumentiert die Freiheit des Denkens, die einst in den Klostermauern herrschte. Die Gründungslegende erzählt von **Herzog Tassilo III.** (s. Tour 14), der sich 750 auf der Jagd im Ammertal befand. Seine Hunde stöberten eine Hirschkuh auf und verfolgten sie. Plötzlich blieb das Tier auf einer Lichtung stehen und begann, unbeeindruckt von seinen wütenden Verfolgern mit den Vorderhufen den Boden aufzuscharren. Der Herzog ließ nachgraben und fand drei Kreuze und eine kostbare Reliquie. Da beschloss er, an dieser von Gott offenbarten Stelle ein Kloster zu errichten. Am Hochaltar der Klosterkirche finden wir noch heute eines dieser Kreuze.

Auf einen Blick

AUSGANGSPUNKT UND ANFAHRT

Polling, Klosterkirche;
GPS 47.811699, 11.131323
Bus & Bahn: Mit dem Zug nach Weilheim und weiter mit Bus 9651 nach Polling bis Haltestelle Maibaum
Auto: Polling liegt südlich von Weilheim und ist über die B 2 oder die St 2058 gut zu erreichen. Parkplätze gibt es vor dem Kloster oder in der Probst-Gerloh-Straße am Tiefenbach.

GEHZEIT UND SCHWIERIGKEIT

Der 8 km lange Spaziergang (2.15 Std.) weist kaum Steigungen auf, es geht über Dorfstraßen und Feldwege.

STOA169

Eine offene Kunsthalle mitten in der Natur – diese Idee stammt vom Pollinger Künstler Bernd Zimmer, der das Projekt anregte und mit viel Energie und Durchhaltevermögen umsetzte. Mehr als 100 KünstlerInnen aus aller Welt gestalteten jeweils eine Säule in der einem griechischen Tempel nachempfundenen Stoa. Diese kreative Wandelhalle ist als Ort der geistigen Begegnung zu verstehen, in der man sich herrlich inspirieren lassen und Kunst in ihrer ganzen Vielfalt genießen kann.

EINKEHR

Unterwegs keine. In Polling gibt es den Neuwirt oder das nette Café-Restaurant Alte Ziegelei nördlich des Klosters. Es befindet sich direkt neben der fabelhaften Oldtimerschmiede, die mit dem nötigen Kleingeld echte Männer- und auch Frauenträume wahr werden lässt.

INFORMATION

https://polling.de

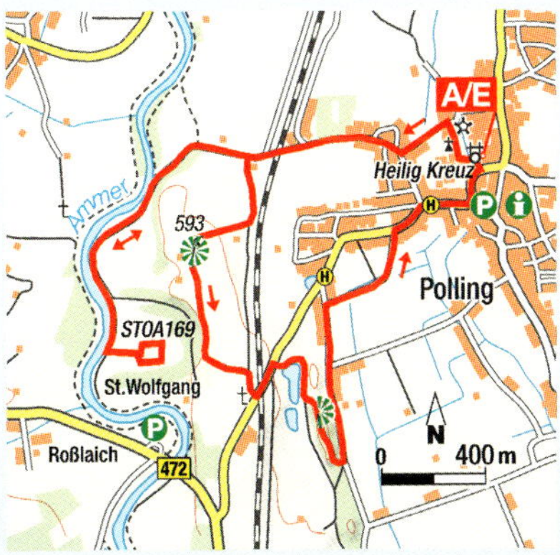

16

Über den Hohen Peißenberg

GRANDIOSE FERNSICHTEN IN DER HEIMAT EINES GENIALEN KÜNSTLERS

Der Hohe Peißenberg ist weithin als grandioser Aussichtsberg bekannt. Er ist als Endmoränenhügel den Alpen vorgelagert und erlaubt oben in knapp 1000 Metern Höhe ungeahnte und einmalige Ausblicke auf die Alpen und über das Land hinweg, das der Maler Matthäus Günther einst sein Zuhause nannte.

Wir starten in **Peißenberg** am Parkplatz vor dem Bergbaumuseum und nehmen den mit »Hohenpeißenberg« beschilderten Weg, der an der Einfahrt zum Parkplatz beginnt und schräg rechts hinauf führt. Er heizt uns gleich kräftig ein, denn er führt in steilen Serpentinen den Hang aufwärts. Nach gut zehn Minuten verzweigt sich der Weg, und wir wenden uns nach links Richtung **Weinbauer**. Diesen ehemaligen Bauernhof erreichen wir nach einer knappen halben Stunde Aufstieg durch den Wald. Dort treffen wir auf eine Teerstraße, der wir nach rechts etwa 500 Meter weit folgen. Bei der Linkskurve wählen wir den Wiesenweg geradeaus und treffen oben am Weiler **Vorderschwaig** wieder auf die Straße, der wir nun nach rechts zum nächsten Weiler **Mitterschwaig** folgen.

Hier führt uns ein schmaler Weg nach rechts aufwärts, der uns über die Wiesen und Felder nach **Oberschwaig** und von dort auf der Straße vor zur Hauptstraße bringt. Dieser folgen wir für etwa einen Kilometer (die letzten Meter auf einem Gehsteig neben der Straße) und haben dann unser Ziel, das

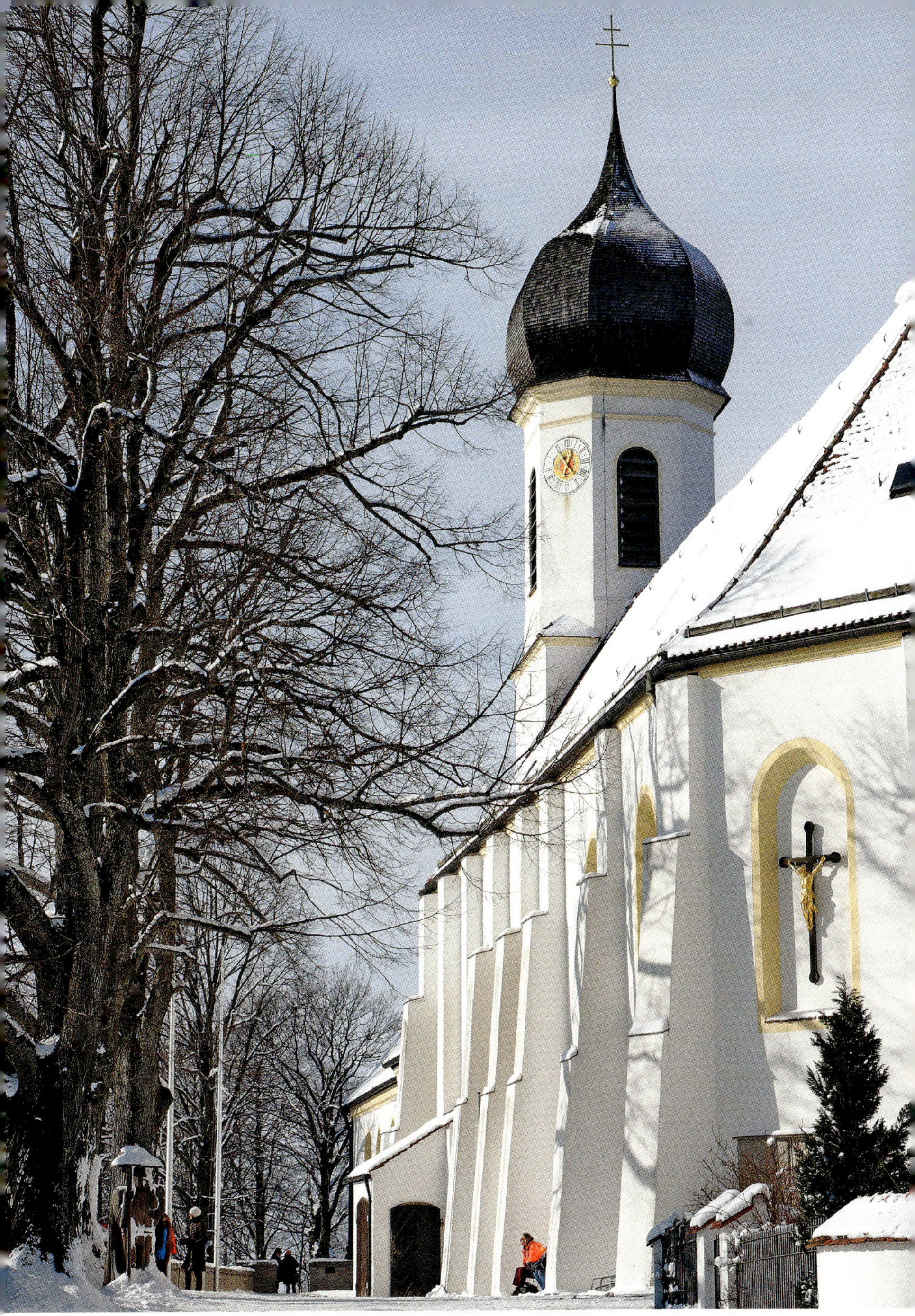

Die Wanderung auf den Peißenberg ist eine Tour, die sich das ganze Jahr über lohnt.

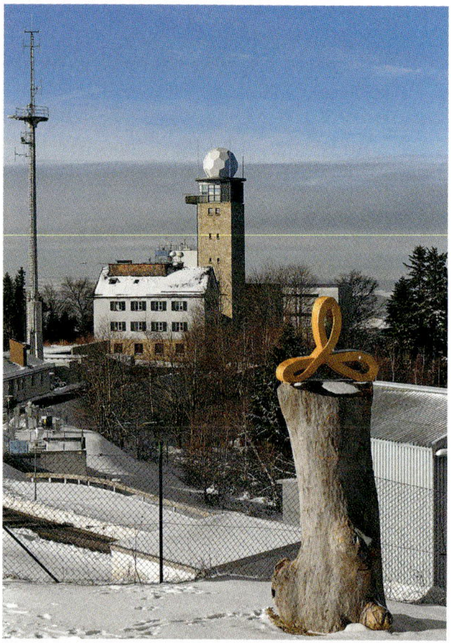

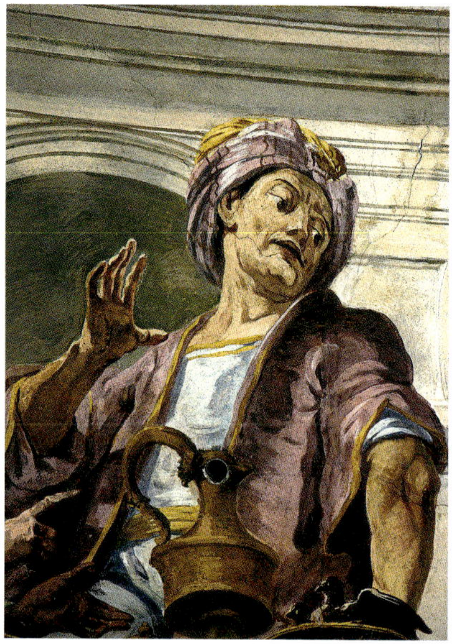

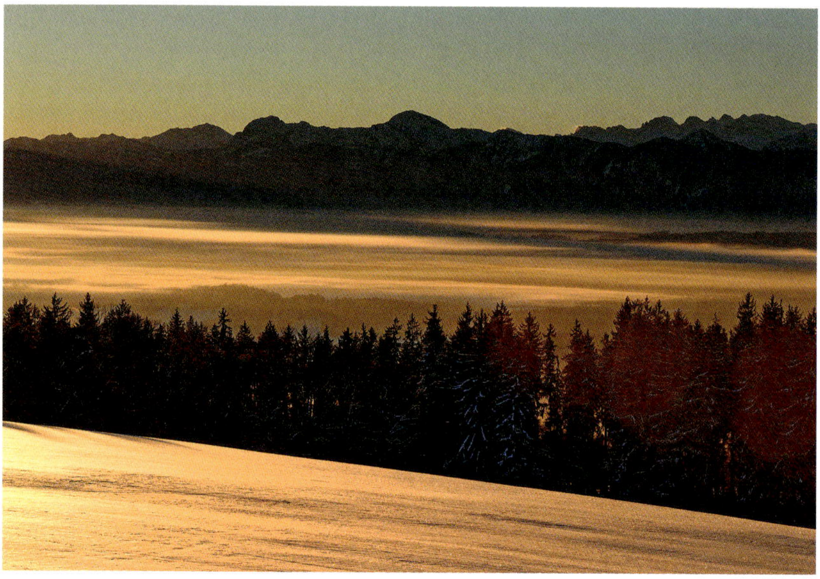

◀ Die Wetterstation auf dem Peißenberg ist eine der ältesten Messstationen der Welt.
▶ Mit dramatischen Gesichtszügen wird der Verräter Haman beim Gastmahl des Perserkönigs Xerxes I. von Matthäus Günther in der Wallfahrtskirche am Hohenpeißenberg dargestellt.
▼ Die Ausblicke vom Peißenberg sind unbeschreiblich schön.

Gipfelplateau des **Hohenpeißenbergs**, erreicht, wo wir die **Wallfahrtskirche Mariä Himmelfahrt** besuchen können. Dahinter liegt ein **meteorologisches Observatorium** – die ältestes Bergwetterstation der Welt, in der seit dem 1. Januar 1781 nahezu ohne Unterbrechung das Wetter aufgezeichnet wird.

Anschließend gehen wir wieder zurück zum unteren Parkplatz. Schräg gegenüber seiner oberen Ausfahrt bringt uns links ein Wiesenweg zuerst zu einem Bauernhof und dann auf der Straße weiter in Richtung Sendemasten. Zwischen Hof und Sendemast nehmen wir den Feldweg schräg links, treffen an einer T-Verzweigung auf einen weiteren Feldweg, gehen kurz rechts und dann sofort wieder links. An einer Scheune vorbei kommen wir in den Wald und folgen dem breiten Weg. Schon nach etwa 200 Metern verlassen wir den Wald aber wieder, passieren den **Hof des Taigschusterbauern** und treffen kurz darauf auf ein Teersträßchen. Nach links führt uns ein Abstecher in knapp zehn Minuten nach **Tritschenkreuth** zum Geburtshaus von Matthäus Günther. Von 1632 bis in die Zeit des Zweiten Weltkriegs, als der letzte Hoferbe fiel, war das Haus im Besitz der Familie Günther; heute wird es als Pferdehof genutzt. Unterhalb des Hofs steht eine kleine Marienkapelle, die der Bruder und Hoferbe Günthers um 1750 als Hauskapelle erbaute.

Von der Kapelle gehen wir zum Teersträßchen zurück und folgen ihm abwärts zur **Michaelskapelle**. Der interessante Rundbau von 1611 enthält einen frühbarocken Hochaltar mit Figuren, die wohl aus der Werkstatt des Weilheimer Schnitzers Degler stammen. Unmittelbar nach dem Hof bei der Kapelle geht es rechts ab, und der Fußweg bringt uns durch eine Schlucht nach **Peißenberg** und damit zum Ausgangspunkt unserer Wanderung zurück.

Ein barockes Malergenie

Die Sensation war perfekt, so etwas hatte man noch nicht gesehen! Fünf Jahre lang, von 1736–1741, hatten die Oberammergauer schon an ihrer neuen Pfarrkirche gebaut und die besten Künstler ihrer Zeit engagiert. Josef Schmutzer aus Wessobrunn zeichnete die Entwürfe und war als Baumeister für den Bau verantwortlich, der Schnitzer Franz Xaver Schmädl gestaltete die Altäre, und **Matthäus Günther** hatte den Zuschlag für die Fresken bekommen. Jetzt, 1741, waren die Deckenfresken endlich fertig und die Gerüste abgebaut, und die Oberammergauer konnten zum ersten Mal die neuen Bilder bewundern.

Natürlich kannten sie alle das Thema des Hauptfreskos, das von den Kirchenpatronen Petrus und Paulus erzählen sollte, vom Abschied der beiden Apostel und von ihrem Martyrium. Doch die Augen richteten sich weniger auf die Heiligen als auf einen jungen Mann, der, offensichtlich entsetzt von dem grausigen Martyrium, die Flucht ergriff und scheinbar frei über eine Brüstung in den Kirchenraum sprang. Jeder wusste, dass das eigentlich nicht möglich war, denn die Decke war flach gemauert. Trotzdem wölbte sie sich jetzt nach oben, und vor ihr, in deutlichem Abstand, schwebte der springende Mann! Die Kunst des damals 36-jährigen Malers Matthäus Günther hatte ihren Höhepunkt erreicht, und von weit her kamen die Menschen nach Oberammergau, um dieses Bravourstück der perspektivischen Malkunst zu bewundern.

Günther wurde im Jahr 1705 als ältester Sohn des Heißenbauern in Tritschenkreuth am Hohenpeißenberg geboren. Über seine Jugendjahre gibt es nur Vermutungen. Sicher ist nur, dass er das ihm zustehende Hoferbe ausschlug, obwohl der Vater ein recht vermögender Landwirt war. Stattdessen machte er eine Malerlehre in Murnau und arbeitete anschließend bei C. D. Asam als Geselle. 1731 zog er nach Augsburg, das damals als Zentrum der bildenden Kunst galt, und erhielt durch seine Heirat mit der Witwe des Malers Ferdinand Magg die Meistergerechtigkeit. In den nachfolgenden Jahren bis zu seinem Tod 1788 war Günther einer der bestbeschäftigten Künstler seiner Zeit. Praktisch jedes Jahr arbeitete er an einem anderen Projekt in Kirchen, Kapellen und Schlössern. Wenn es keine Fresken zu malen gab, entstanden Altarbilder oder andere dekorative Gemälde für die Kirchen. Die Kunst Günthers bestand darin, das irdische Leben mit dem Leben nach dem Tod zu verbinden. Jeder, und sei er der ärmste Mensch auf Erden, durfte in seinen Bildern auf das ewige Leben im himmlischen Glanz hoffen.

Günthers Ruhm reichte weit über die Grenzen Augsburgs hinaus, nach Süden gar bis ins heutige Südtirol und nach Norden bis nach Stuttgart, wo ihn Herzog Carl Eugen 1757 beauftragte, sein neues Schloss auszumalen. In der Nähe von Peißenberg können wir neben den Bildern in der Wallfahrtskirche auf dem Hohenpeißenberg (wo er seinen Vater als Pilger gemalt hat) auch das Deckengemälde in St. Leonhard im Forst bewundern – dort tummeln sich viele Tiere. Und in der Wallfahrtskirche Maria Aich am östlichen Rand von Peißenberg hat Günther die Thematik der Gegenreformation in den großen Deckengemälden verarbeitet.

Auf einen Blick

AUSGANGSPUNKT UND ANFAHRT

Peißenberg, Parkplatz am Bergwerksmuseum; GPS 47.798402, 11.058563
Bus & Bahn: Mit der Bahn von München über Tutzing und Weilheim nach Peißenberg und vom Bahnhof zu Fuß in ca. 5 Min. zum Ausgangspunkt
Auto: Über Weilheim nach Peißenberg und geradeaus in den Ort, bei der großen Linkskurve schräg rechts, über die Bahngleise und zum Parkplatz vor dem Bergwerksmuseum (beschildert)

GEHZEIT UND SCHWIERIGKEIT

Mit 9 km und 400 Hm eine etwas längere, knapp dreistündige Wanderung, vorwiegend auf Wanderwegen und Nebenstraßen

BERGBAUMUSEUM

Das Peißenberger Bergbaumuseum bietet spannende Einblicke in die Bergbaugeschichte des Orts (geöffnet jeden 1. und 3. Sonntag im Monat von 13.30–16.30 Uhr, zusätzlich von 15. Mai–15. Sept. mittwochs von 13.30–16.30 Uhr).

EINKEHR

Berggasthof und Café Bayerischer Rigi am Hohenpeißenberg

INFORMATION

www.peissenberg.de

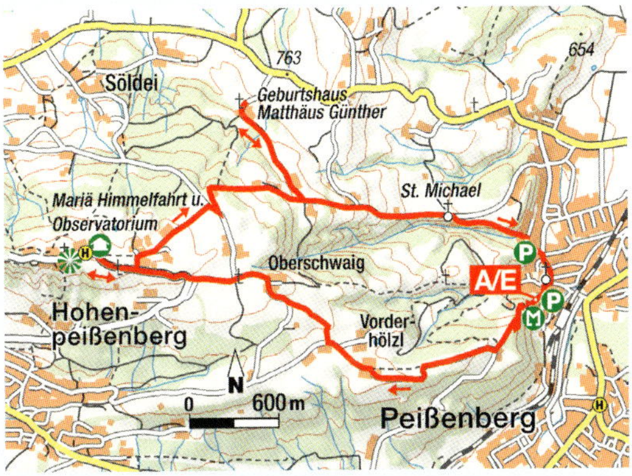

17

Durch das Murnauer Moos

WANDERUNG IM ZEITLUPENTEMPO DURCH EIN EINZIGARTIGES NATURKUNSTWERK

Eine Landschaft, geformt von der Eiszeit, dem Wasser, der Natur und den Menschen – so präsentiert sich das Murnauer Moos. Still, unaufdringlich und doch so spektakulär, dass es schon von vielen Künstlern auf Leinwand verewigt wurde.

Landschaftliche Schönheit umgibt uns, wohin das Auge blickt, egal ob als Panoramabild mit Alpenkette oder beim Betrachten der vielfältigen Pflanzen. Ein Anblick, den Künstler wie Gabriele Münter bereits 1908 auf verschiedenen Gemälden verewigten. Auf ihren Spuren geht es durch das Murnauer Moor, wobei wir nicht den bekanntesten Weg südlich von Murnau am Gasthaus Ähnl wählen, sondern die unbekanntere Runde ab dem Murnauer Ortsteil Westried. Auf diesem Weg erleben wir ebenfalls viele Höhepunkte, wie z. B. den wunderschönen Bohlenweg.

Dafür wandern wir vom **Westrieder Bahnhof** ein Stück nach rechts, bergab durch die Moosrainer Straße. Nach der Graf-Alban-Straße biegen wir wenige Schritte weiter links in den Weg ein, der zum Moor beschildert ist. Über einen Feldweg erreichen wir den Wald und halten uns hier geradeaus, während der breitere Forstweg nach links schwenkt. Nach wenigen Minuten umkurven wir ein Grundstück mit einem einsamen Häuschen. Dann beginnt schon der wunderbare Bohlenweg, der uns trockenen Fußes mitten durch die **Lange Filze**, ein Hochmoor, führt.

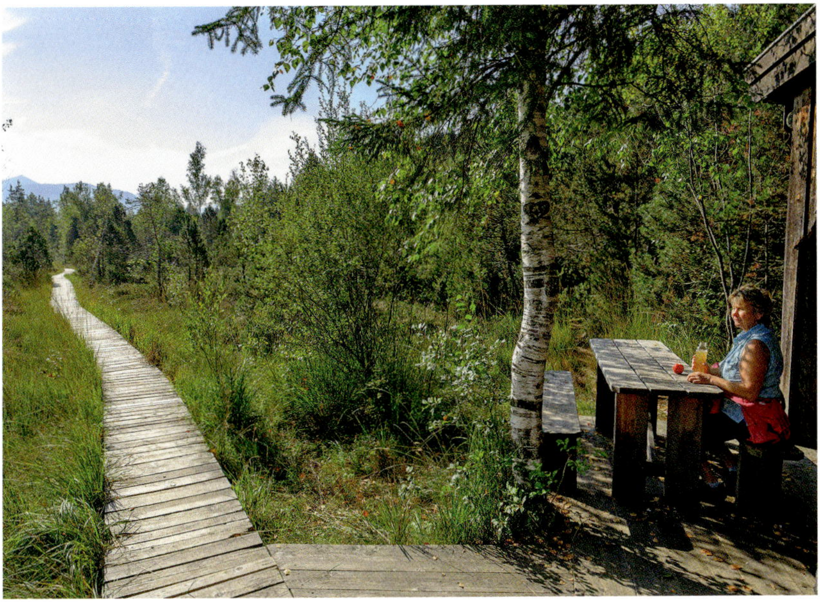

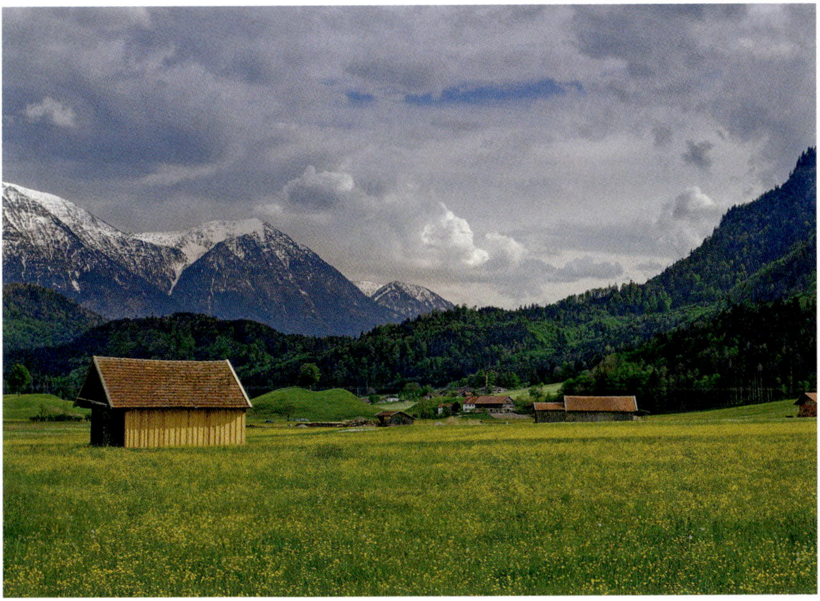

▲ Der Holzbohlenweg führt mitten durch die Moorlandschaft.
▼ Einzigartig sind die wunderbaren Bergblicke, die uns überall geschenkt werden.

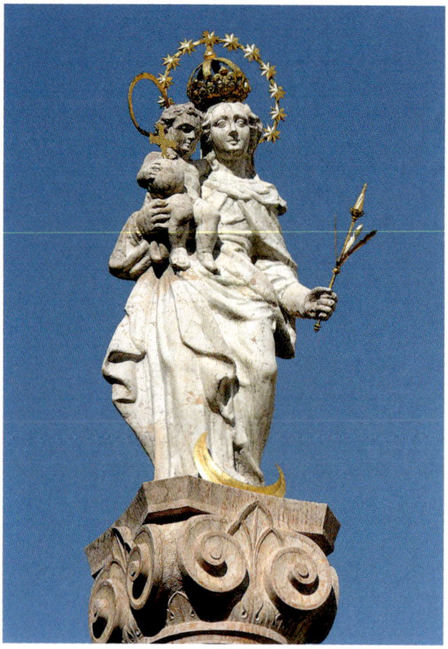

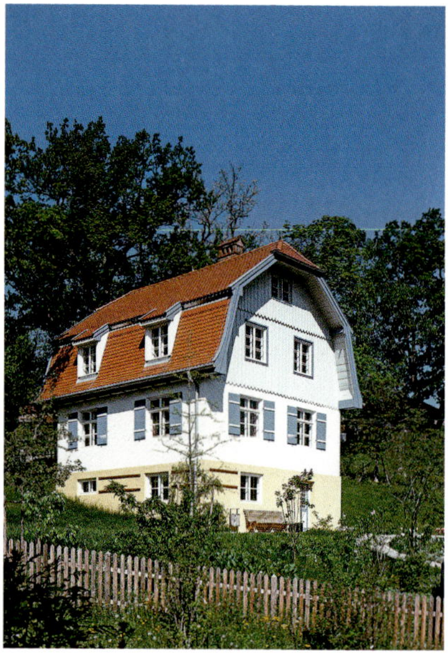

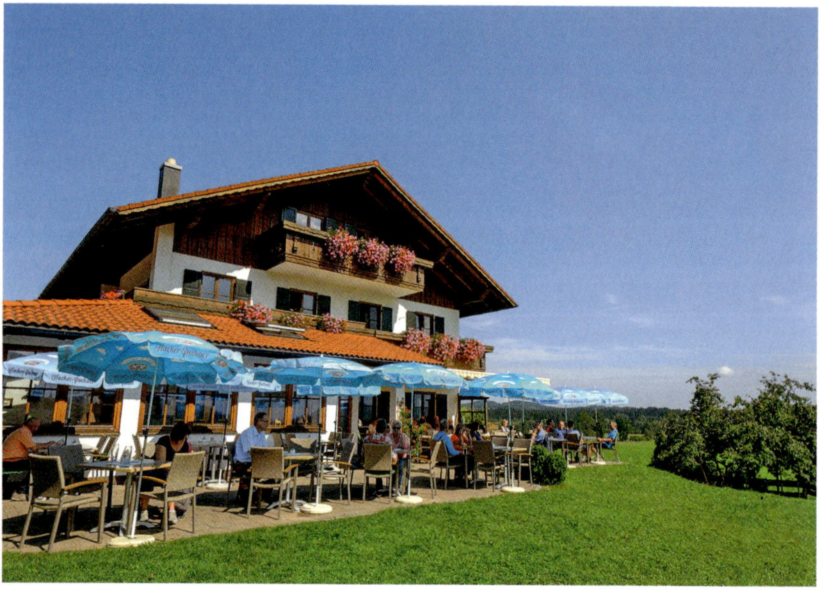

◂ Die Mariensäule bewacht und behütet den Murnauer Untermarkt.
▸ Im Russenhaus von Gabriele Münter wurde Kunstgeschichte geschrieben.
▾ Das Café Habersetzer ist der krönende Abschluss der Tour.

Ein traumhafter Wegabschnitt liegt vor uns. Kleine Birken kämpfen mit Erlen und Latschen um den Platz, und im Frühling blüht das Wollgras, während im Sommer Erika den Moorboden rosafarben bedeckt. Die Luft duftet würzig und erdig zugleich. Auf halbem Weg erreichen wir einen schönen Rastplatz, aber noch nehmen die hölzernen Stege kein Ende. Kleine Eidechsen huschen von ihren sonnigen Plätzen, und Libellen tanzen um die Wasseraugen. Schließlich enden die Bohlen, und wir wandern wieder in den Wald. An allen folgenden Kreuzungen bleiben wir in ursprünglicher Wanderrichtung und verlassen dann den Wald, um leicht abwärts zum eigentlichen **Murnauer Moos** zu wandern. Wenn wir die kleine Brücke über den Lindach erreichen, liegt die weite Moorlandschaft direkt vor uns. Wir queren den Bach und wenden uns auf dem breiteren Weg nach rechts. Sehr sonnig verfolgen wir die Lindach, die fröhlich zwischen großen Weiden und Erlen durch das Moor mäandert und bald in nördliche Richtung schwenkt.

Dann erreichen wir einen **Weiher mit Aussichtshügel**, ebenfalls ein beliebter Rastplatz für ein bisschen Glücksgenuss und Panoramaschau. Wenig später treffen wir auf die kleine Nebenstraße, die von Westried nach **Grafenaschau** führt. Wer sich noch etwas kulinarisch verwöhnen lassen möchte, folgt ihr für etwa einen Kilometer nach links zum **Café Habersetzer** (rechts ginge es hier entlang der Straße direkt zurück nach Westried). Nach der Einkehr wählen wir schräg gegenüber dem Café den Hohenleiner Weg, der uns zum Angerweg bringt. Auf diesem verlassen wir nach Norden Grafenaschau, wandern wieder an dem einsamen Haus vorbei nach rechts, passieren den Sportplatz und folgen dann links der Straße zurück nach **Westried**.

Das Russenhaus

So nannte man das Wohnhaus der Malerin **Gabriele Münter**, die, 1877 in Berlin geboren, schon sehr früh eine ungewöhnliche künstlerische Begabung zeigte. Münter war durch das Erbe ihrer Eltern finanziell unabhängig, und 1909 kaufte sie das erst ein Jahr zuvor fertiggestellte Landhaus, um dort mit ihrem Lebensgefährten **Wassily Kandinsky** zumindest die Sommer zu verbringen. Kandinsky war auch der Namensgeber für dieses Haus, denn die russische Abstammung des Malers blieb in Murnau nicht verborgen. Damit war der

Hausname schnell gefunden, und dieser blieb bis heute erhalten, obwohl das Haus offiziell als **Münter-Haus** geführt wird.

Murnau war damals zu einem Zentrum der expressionistischen Malerei geworden und ging damit in die Kunstgeschichte ein. Diese künstlerische Stilrichtung trennte Farbe und Form von den Motiven noch stärker als der vorhergehende vorwiegend französisch geprägte Impressionismus. Zwar blieben, anders als bei der abstrakten Malerei, die Objekte noch erkennbar, man versuchte jedoch durch geänderte Formen und ungewöhnliche Farben eine neue geistige Ebene sichtbar zu machen. Im Haus von Gabriele Münter trafen sich praktisch alle bedeutenden Vertreter dieser neuen Stilrichtung: der Münchner Franz Marc (s. Tour 22), Alexej von Jawlensky und Marianne von Werefkin, beide ebenfalls aus Russland stammend. Dazu kamen August Macke aus Meschede, Heinrich Campendonk (s. Tour 24) oder auch Paul Klee, der später den Schritt zur abstrakten Malerei wagte.

Gabriele Münter wohnte bis zu ihrem Tod 1962 in ihrem Murnauer Haus, dessen Einrichtung heute noch zu sehen ist. Als Museum hält das Haus die Erinnerung an die beiden großen Expressionisten Münter und Kandinsky wach.

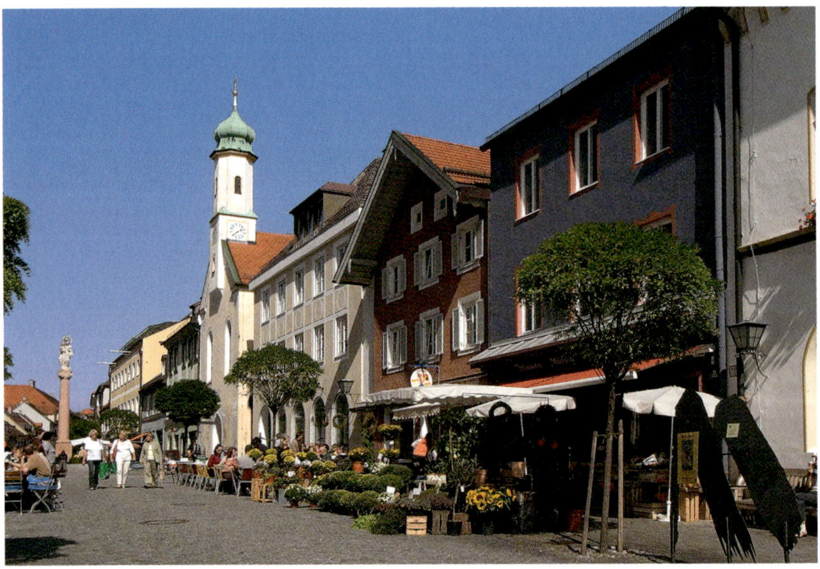

Im Anschluss lässt sich das wunderbar lebendige Flair der Murnauer Fußgängerzone erleben.

Auf einen Blick

AUSGANGSPUNKT UND ANFAHRT

Westried-Grafenaschau/Murnau-Bahnhof; GPS 47.666837, 11.138263
Bus & Bahn: Mit der Bahn über Murnau Richtung Oberammergau bis Haltestelle Murnau-Westried
Auto: Über die A 95 bis Ausfahrt Murnau, weiter nach Murnau und dort auf der St 2062 Richtung Bad Kohlgrub, im Ortsteil Westried nach der Bahnunterführung links und am Wegdreieck erneut links zum Westrieder Bahnhof

GEHZEIT UND SCHWIERIGKEIT

Mit 11 km Länge, gut 3 Std. und kaum Höhenmetern eine einfache, allerdings auch sehr sonnige Wanderung auf Feldwegen und Nebenstraßen

NOCH WICHTIG

Das Murnauer Moos ist am Ende der Eiszeit aus einem See entstanden, der langsam verlandete. Es ist eines der größten Naturschutzgebiete Deutschlands und wurde seit der Unterschutzstellung 1992 weitgehend renaturiert. Nicht nur seine reiche Flora und Fauna faszinieren, auch die Lage am Fuß der Berge macht dieses Naturjuwel zu etwas ganz Besonderem.

RUSSENHAUS

Das Museum liegt in der Kottmülleral-lee 6, geöffnet Di–So 14–17 Uhr. Achtung: Es gibt keine Parkplätze am Haus, man nutze die Tiefgarage P1 am Kultur- & Tagungszentrum in Murnau!

EINKEHR

Café Habersetzer in Grafenaschau (Mo/Di Ruhetage). In Murnau gibt es viele sehr nette Einkehrmöglichkeiten in der Marktstraße, von der alteingesessenen Konditorei Krönner bis zu modernen Cafés und Bistros wie dem panem Brot & Genuss oder der besten Eisdiele Gabbrielli.

INFORMATION

www.murnau.de

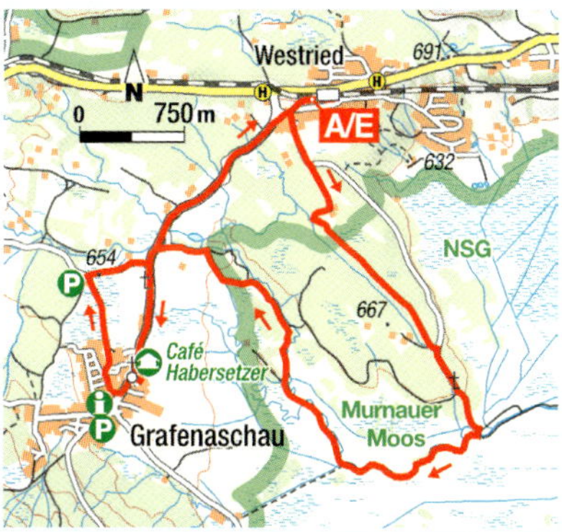

18

Von Eschenlohe nach Ohlstadt

AUF DER ALTEN RÖMERSTRASSE ZWISCHEN GEBIRGE UND LOISACH

Diese Wanderung folgt über weite Strecken einer alten römischen Straße durch das Loisachtal bis nach Ohlstadt, wo sich einst der Malerfürst Friedrich von Kaulbach ein Atelier bauen ließ.

Wir starten an der Pfarrkirche St. Clemens in **Eschenlohe**, wandern in Richtung Berge und überqueren die Loisach. Schräg links zweigt die Walchenseestraße ab, der wir leicht bergauf über die Eschenlaine zum Wanderparkplatz hinter dem Hotel Tonihof folgen. Dort geht es links Richtung Ohlstadt. Nach etwa 500 Metern weist uns ein Schild rechts aufwärts zum **Heldenkreuz**, das wir über einen Bergpfad in Serpentinen und über Stufen erreichen. Eine herrliche Aussicht auf Eschenlohe mit dem alten Burgberg und über das Loisachtal ins Werdenfelser Land und zur Zugspitze erwartet uns dort oben.

Danach steigen wir wieder hinab zum Hauptweg und folgen ihm weiter am Berghang entlang. Wir befinden uns auf der **ehemaligen Römerstraße**, die hier oben verlaufend den Sumpf am Talboden vermied. Bald führt der Weg bergab; wir verlassen den Wald, passieren Sportplätze und kommen auf der Boschetstraße nach **Ohlstadt**. Dort finden wir rechts die **Villa des Malerfürsten Kaulbach**.

Die Von-Kaulbach-Straße bringt uns zur Bürgermeister-Mayer-Straße, in die wir links einbiegen. Ein Wiesenweg führt uns zur Badstraße. Wir queren sie etwas nach rechts versetzt und kommen zum **Freibad**, das dank seiner Solarheizung von Ende Mai bis weit in den September hinein geöffnet ist. Zwischen

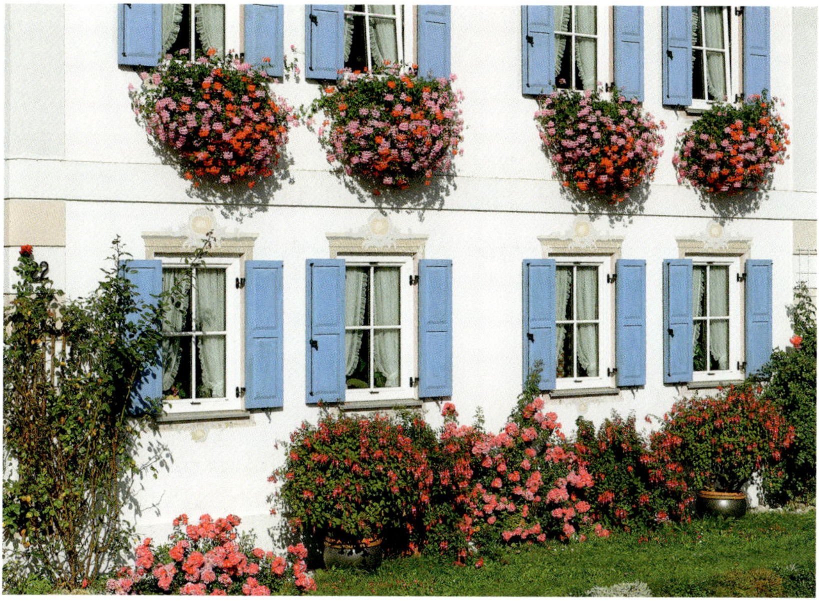

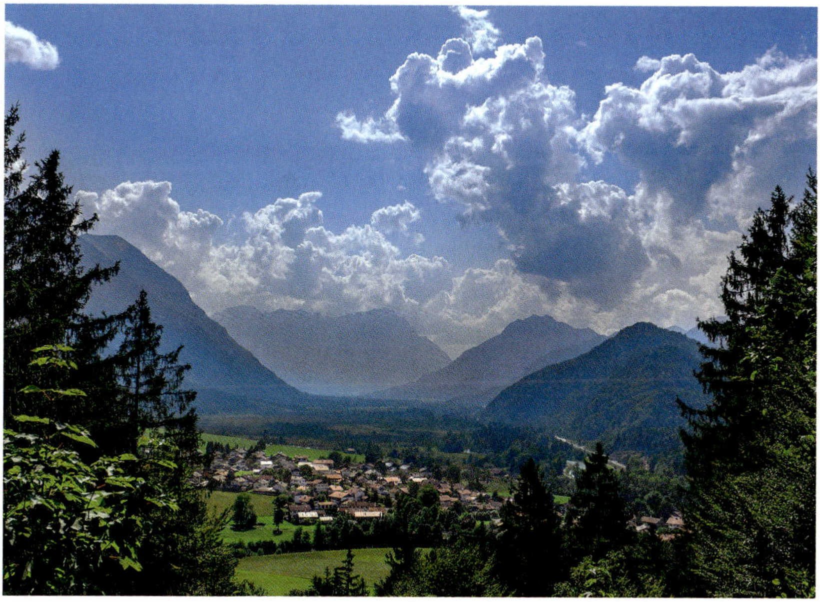

▲ Üppiger sommerlicher Blumenschmuck am Haus Zum Schmied in Eschenlohe
▼ Loisachtalblick auf Eschenlohe und die Zugspitze vom Wanderweg

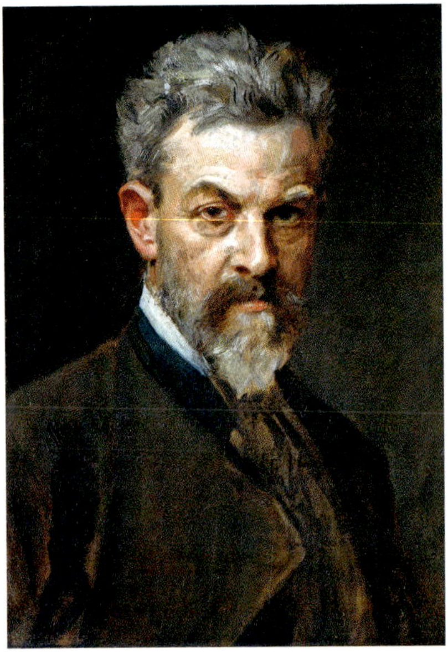

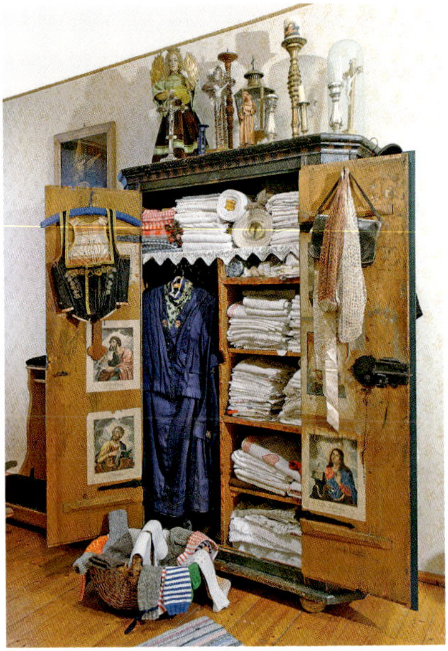

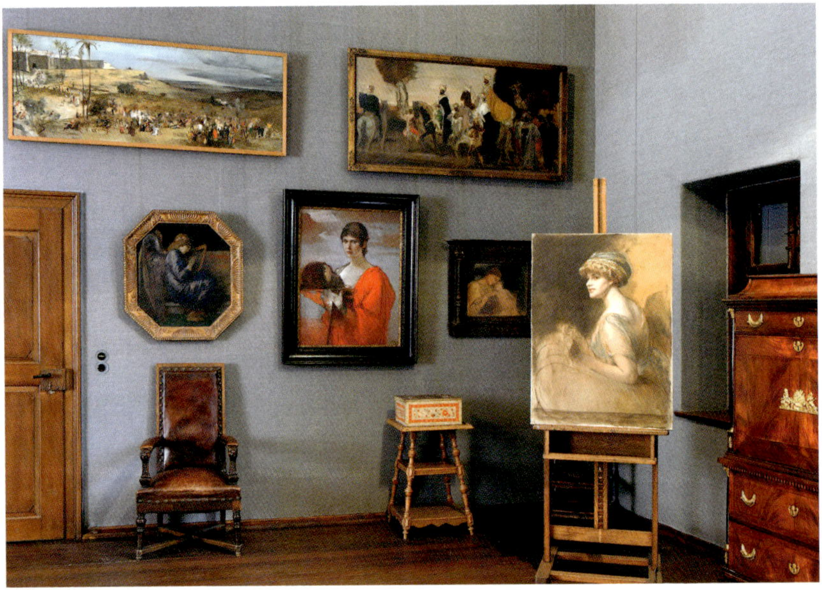

◀ Friedrich von Kaulbach porträtierte sich 1917 selbst.
▶ Im Kaulbachhaus ist auch das Heimatmuseum von Ohlstadt untergebracht.
▼ Das Atelier des Malers in der Kaulbach-Villa

Schwimmbad und Skaterpark geht es weiter auf der Straße Am Schwimmbad, die in der Siedlung **Buchenried** zum Greutweg wird. An seinem Ende geht es links versetzt durch den Buchenweg und auf der Heubergstraße zum Eschenloher Fußweg. Ihm folgen wir und wandern über Wiesen mit Baumgruppen mal mehr, mal weniger parallel zur Bahnlinie nach Süden. So erreichen wir Eschenlohe an der Loisach und gehen durch die (nächste) Heubergstraße zur Loisachbrücke und zurück zur **Pfarrkirche St. Clemens**.

Ein Malerfürst in Ohlstadt

Mit Prinzregentenzeit bezeichnet man in Bayern das ausgehende 19. Jahrhundert, genauer gesagt die Zeit nach dem Tod König Ludwigs II. bis 1912. Die Industrialisierung strebte ihrem Höhepunkt zu, und zugleich erlebte die Kunst einen unglaublichen Aufschwung. Damals gehörte es zum guten Ton, sich mit Kunst zu beschäftigen, und wer es sich leisten konnte, kaufte Bilder oder besser noch: ließ sich mit seiner Familie malen. Für die, die wirklich »in« sein wollten, gab es eigentlich nur drei angesagte Maler in München, die man um ein Porträt bitten konnte: Franz von Stuck, Franz von Lenbach und **Friedrich August von Kaulbach**, denen Prinzregent Luitpold den Adelsstand verliehen hatte. Welches Ansehen sie genossen, zeigt die Tatsache, dass man ganz allgemein von den »Malerfürsten« sprach, denn fürstlich waren ihre Häuser in München, und genauso fürstlich war auch ihr Lebensstil.

Wer modern dachte und auch ein wenig Erotik nicht scheute, wandte sich an Stuck, für konservativen Geschmack standen Lenbach und Kaulbach im Atelier. Lenbach hatte sich mehr auf Männerporträts spezialisiert, Kaulbach zählte die Damen der höchsten Gesellschaft zu seinen Kunden. Er malte sie so, wie sie sich gern in der Öffentlichkeit sahen: vornehm gekleidet, mit dezentem Schmuck, fast unberührbar, aber unendlich schön und etwas der Wirklichkeit entrückt. In seinem Atelier standen die Damen des Hochadels Schlange und drängten sich um einen Termin bei Kaulbach. Dieser ließ sich seine Kunst bestens bezahlen, bis zu 90 000 Goldmark war so ein repräsentatives Porträt einer Kaiserin, Zarin oder amerikanischen Milliardärin wert (das entspricht heute gut 1,3 Mio. Euro!). Es waren stolze Preise, und damit konnte sich der Künstler in München in bester Lage am Englischen Garten eine Villa leisten, die an ein italienisches Renaissanceschloss erinnert. Die Villa in Ohlstadt war sicherlich günstiger. 1893 ließ er das Haus nach seinen eigenen Entwürfen neu aufbauen und etliche Jahre später nochmals erweitern. Bis zu seinem Tod 1920 verbrachte er hier regelmäßig die Sommermonate, und ein großes Atelier im ersten Stock ermöglichte ihm auch in dieser Zeit freies Schaffen.

Lenbachs Tochter Hedda Schoonderbeek lebte ab 1954 in Ohlstadt; sie konnte das reiche künstlerische Erbe ihres Vaters bewahren: Nach einer aufwendigen Restaurierung sind das Atelier sowie ein Studierzimmer des Malers wieder im Originalzustand zu besichtigen. In ihm sind zahlreiche repräsentative Gemälde ausgestellt, die er für Familie und Freunde malte. Die Zeichnungen und Grafiken, die in einem eigenen Raum zu sehen sind, zeigen, dass Kaulbach sehr viel mehr konnte, als Menschen in ihrem Idealbild darzustellen – die Schrecken des Ersten Weltkriegs scheinen bei ihm viel tiefere Spuren hinterlassen zu haben, als seine »offiziellen« Bilder aufzeigen.

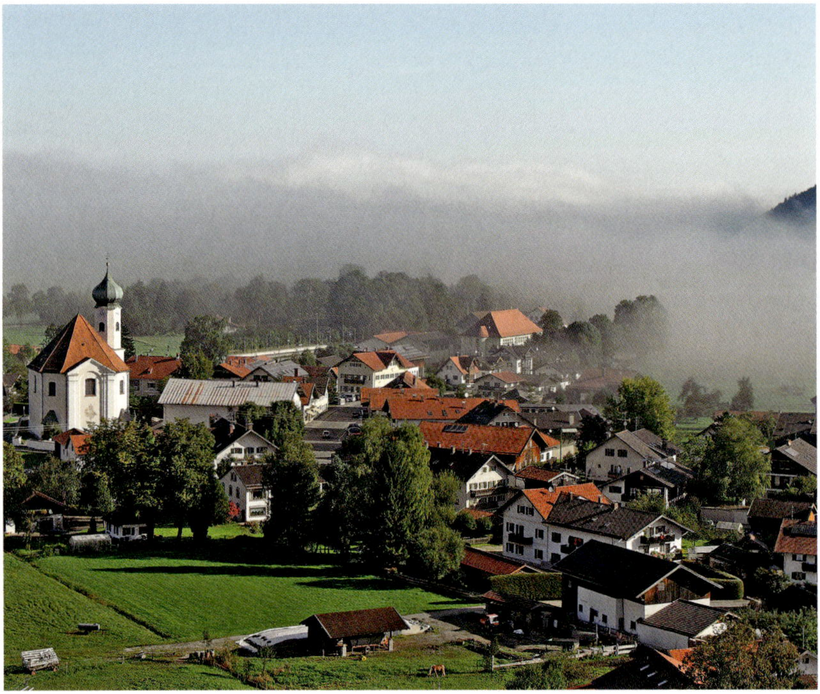

Einen herrlichen Blick über Eschenlohe genießt man von der Nikolauskapelle auf dem kleinen Hügel mit den Resten einer Befestigung.

Auf einen Blick

AUSGANGSPUNKT UND ANFAHRT

Eschenlohe, Pfarrkirche St. Clemens; GPS 47.598677, 11.185080

Bus & Bahn: Mit der Bahn nach Eschenlohe

Auto: Eschenlohe erreicht man über die A 95/Ausfahrt Eschenlohe; parken kann man an der Kirche.

GEHZEIT UND SCHWIERIGKEIT

Mit 13 km eine längere, aber einfache Wanderung (3.45 Std., 300 Hm) auf Feld- und Forstwegen; nur zum Heldenkreuz ist der Aufstieg steiler.

NOCH WICHTIG

Das Kaulbachhaus ist von April–Okt. Mi + Sa 16–18 Uhr geöffnet; Gruppen können nach Voranmeldung über die Gästeinformation Ohlstadt das Haus jederzeit besichtigen.

ST. LAURENTIUS IN OHLSTADT

Die Kirche wurde 1730 vom Wessobrunner Baumeister Josef Schmuzer erbaut. Der prächtige Hochaltar mit sechs Säulen wurde gut 50 Jahre später aufgestellt; sein Altarblatt zeigt die Szene, wie der Kirchenpatron Laurentius nach seinem Martyrium im Himmel empfangen wird. Der Lüftlmaler Franz Zwinck, der so unglaublich viele Häuserfassaden im Pfaffenwinkel verschönert hat, malte es 1791, im Jahr seines Todes.

EINKEHR

Mehrere Gasthäuser in Ohlstadt; im Sommer punktet der Gasthof Zur Post mit seinem von dicken Kastanien beschatteten Biergarten.

INFORMATION

www.ohlstadt.de; www.eschenlohe.de

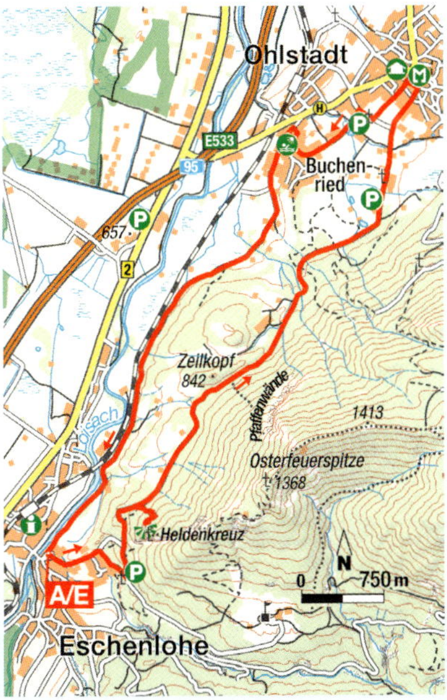

19

Durch das Ettaler Weidmoos

EINE FASZINIERENDE MOORLANDSCHAFT MIT KUNSTGENUSS IN ETTAL UND OBERAMMERGAU

Zwischen Ettal und Oberammergau findet man am Eingang zum Graswangtal die Quellen der Ammer. Die entspannende Wanderung durch eine faszinierende Moorlandschaft ist vor allem im Frühsommer herrlich, wenn die Wiesen in ihrer höchsten Blüte stehen – eine wahre Augenweide!

Wir starten an der **Ettaler Mühle** und folgen dem Wanderschild »Graswang über den Sonnenweg«. Dafür biegen wir gleich nach der Querung des kleinen Mühlbachs nach links auf den schmalen Wanderweg ein, der uns ins **Ammermoos** führt. Der kleine Bach neben uns mit seinem glasklaren Wasser heißt bereits Ammer, denn wir befinden uns im Quellgebiet des Flusses, der dem Ammersee seinen Namen gibt. Hier im Ammermoos tritt an vielen Stellen Wasser in Quelltöpfen an die Oberfläche, sammelt sich zu Bächen und macht sich dann auf den Weg nach Norden. Kurz vor Oberammergau vereinen sich alle Bäche zur großen Ammer (die übrigens nach dem Austritt aus dem Ammersee Amper genannt wird).

Wir folgen diesen von einer üppigen Blumenlandschaft gesäumten Bächen und queren dann die schon breiter gewordene Ammer. Gleich nach der Brücke geht es entlang diesem Naturwunder weiter; dabei kommen wir mit jedem Schritt tiefer ins Ammermoor hinein und freuen uns über die Feuchtwiesen

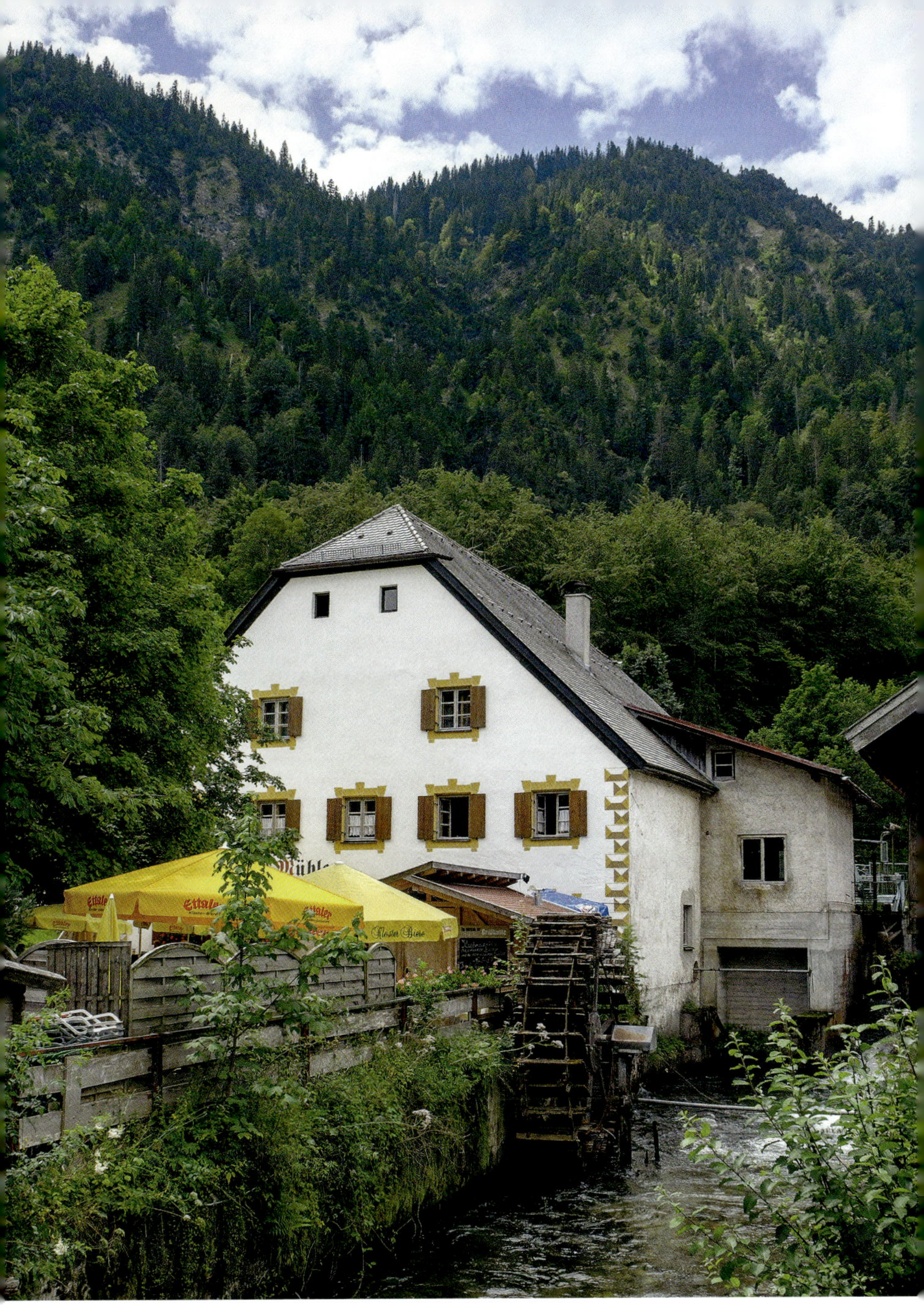

An der Ettaler Mühle, die wir uns schon mal für eine Einkehr vormerken, starten wir die Wanderung.

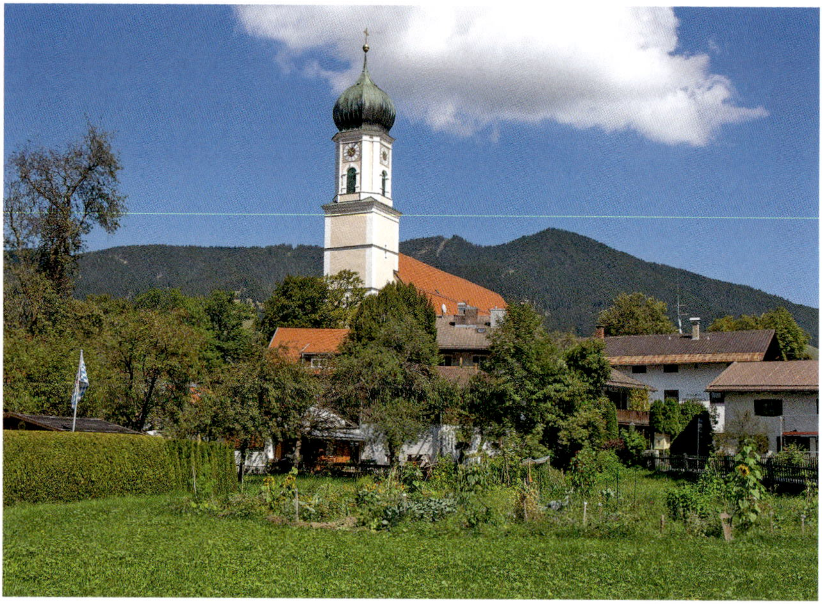

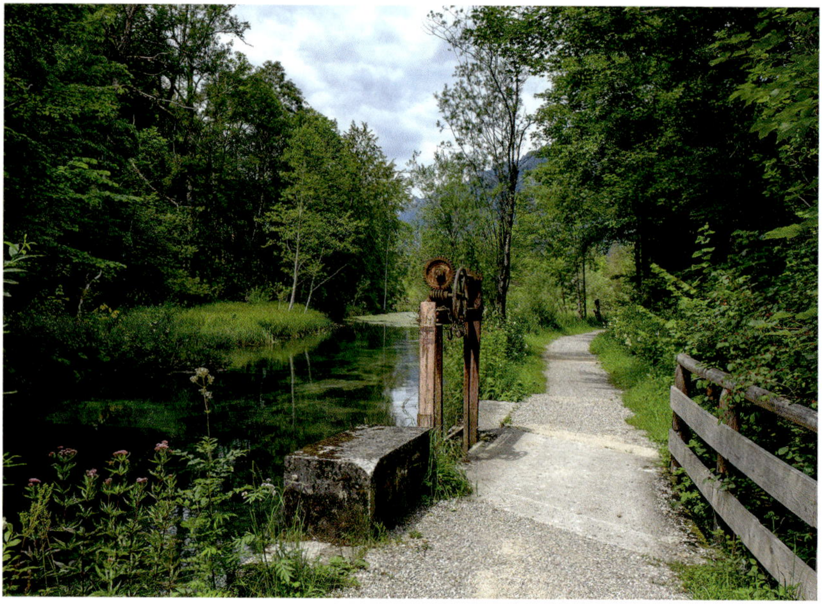

▲ Für Oberammergau sollten wir uns im Anschluss noch viel Zeit gönnen.
▼ Die Wanderwege führen naturnah ins Ammermoos.

mit ihrer einzigartigen Pracht. Dazu genießen wir die wunderbare Bergwelt der Ammergauer Alpen rund um uns – eine Wohltat für alle Sinne! Schließlich mündet unser Wanderweg in eine kleine Teerstraße, von der wir geradeaus mit einem Abstecher einen weiteren **Quelltopf** besuchen können.

Zurück an der Straße setzen wir unsere Wanderung ins **Graswangtal** hinein fort. Für ein paar Meter gibt es parallel zur Straße einen Wanderweg, dann queren wir die Straße nach rechts und sind wieder völlig autofrei unterwegs. Vorbei am einsam gelegenen **Bauernhof Rahm** gibt nun der Berghang den Weg vor. Dann sehen wir den Ort **Graswang** vor uns, den wir links haltend erreichen. An der Ortsdurchgangsstraße können wir für eine Einkehr rechts die **Gröblalm** besuchen, ansonsten wenden wir uns nach links und machen uns auf den Rückweg.

Wir passieren den Dorfplatz, um den sich ein paar wunderbare alte Holzbauernhöfe gruppieren, biegen genau auf Höhe der Kirche rechts in einen Feldweg ein und folgen nun der Beschilderung »Ettal über Dickelschwaig«. Nach wenigen Schritten queren wir die Linder, die sich meist nur als trockenes Kiesbett präsentiert, und wandern auf **Dickelschwaig** zu, das durch seine auffällig mit einer Zwiebelhaube geschmückte Gertrudiskapelle gut zu erkennen ist. Ansonsten besteht die Einöde nur aus einem ehemaligen Forsthaus, wobei die umliegenden Wiesen für wissenschaftliche Forschungen zur Klimaveränderung in den Alpen genutzt werden.

Der Feldweg bringt uns zum Wald, in dem wir an einem kleinen Unterstand dem Weg weiter nach links folgen. Jetzt stets auf dem Hauptweg in östlicher Richtung wandernd, genießen wir die kühle Waldluft. Immer am Fuß der Notkarspitze entlang queren wir zum Abschluss die Straße ins Graswangtal, um noch einmal durchs **Ammermoos** zu streifen. Dann bringt uns der Wanderweg an die größere Ammerbrücke, die wir bereits vom Hinweg kennen. Nun geht es die letzten zehn Minuten auf bekanntem Weg zurück zur **Ettaler Mühle**.

Der Ort der Künstler

Schnitzkunst, Lüftlmalerei und Passionsspiele haben den Ruf und Ruhm **Oberammergaus** begründet und dem Ort schon früh zu Wohlstand verholfen, wie man bei einem Blick in die Dorfkirche, aber auch auf die aufwendig bemalten Häuser im Zentrum feststellen kann. Fassadenbemalung gab es schon zur

Zeit der Romanik, hier in Oberammergau hat sie sich im Barock jedoch zur Hochblüte entwickelt. Scheinfassaden, schwungvolle Fensterumrahmungen, Szenen aus der Bibel wechseln sich mit ganzen Theaterkulissen ab. Unter dem Namen »Lüftlmalerei« hat diese Dekorationskunst Berühmtheit erlangt. Die Bezeichnung stammt allerdings nicht etwa von der luftigen Höhe, in der ein Maler seine Arbeit verrichten muss, sondern von dem wohl wichtigsten Fassadenmaler, Franz Seraph Zwinck, der aus dem Oberammergauer Haus »Zum Lüftl« stammte. Dieses befindet sich in der Judasgasse.

Oberammergaus Pfarrkirche, erbaut 1736–1742, gehört zu den prachtvollsten Gotteshäusern im Alpenraum. Die bekanntesten (und teuersten) Künstler der Zeit wurden hierher verpflichtet: Josef Schmutzer, der Wessobrunner Architekt, war der Baumeister, der junge Matthäus Günther malte 1741 als Zentralfresko das Martyrium der Apostelfürsten Petrus und Paulus, 20 Jahre später schuf er das Marienfresko im Chor (s. Tour 16). Die Innenausstattung stammt von Franz Xaver Schmädl; sie wurde erst nach der Einweihung der Kirche vollendet. Am rechten Seitenaltar finden wir ein großes gotisches Kruzifix, das berühmte Gelübde-Kreuz, vor dem 1633 die Passionsspiele gelobt wurden.

Am 20. Oktober 1632 brach in Oberammergau die Pest aus, das Dorf drohte auszusterben. In ihrer Not entschlossen sich die Bewohner zu einem Versprechen: Alle zehn Jahre wollten sie ein Spiel um Leiden und Tod Jesu Christi aufführen, solange die Gemeinde bestünde. Das Gelübde wurde vor dem Kreuz abgelegt, und mit diesem Tag, so erzählt die Ortschronik, sei die Seuche erloschen. Und das Versprechen wurde ernst genommen – ungeachtet der Schrecken des Dreißigjährigen Kriegs, der damals herrschte, führte man bereits ein Jahr später das erste Spiel auf. Keiner der Votanten konnte auch nur annähernd ahnen, dass sich dieses Spiel einmal zu einem Anziehungspunkt für die ganze Welt entwickeln sollte und viele Hunderttausend Gäste in einem Passionsspieljahr das Dorf überfluten würden. Eine hervorragende Organisation vermeidet heute das zu erwartende Chaos. Das Geheimnis dieses Erfolgs kann aber jeder spüren, der einmal eine Aufführung miterleben durfte: Die Oberammergauer spielen ihre Passion heute noch mit dem gleichen Ernst, mit dem sie vor 350 Jahren ihr Gelübde ablegten. Neben Oberammergau sollte man im Nachbarort das **Kloster Ettal** besuchen. Es ist eine Welt für sich und allein schon durch die riesige barocke Kirchenkuppel ein echtes Kunstwerk – vor allem, weil diese so unvermutet am hinteren Talende auftaucht.

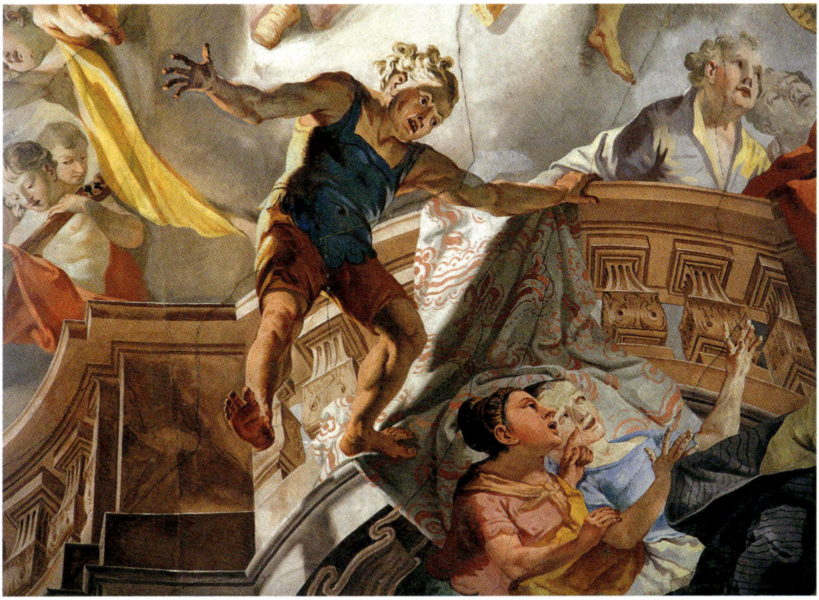

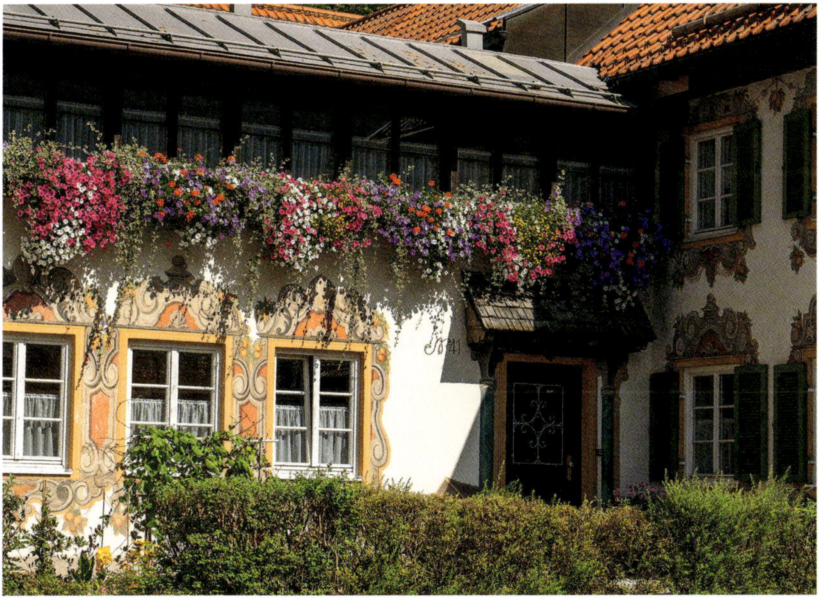

▲ Illusionistische Barockmalerei von Matthäus Günther in der Oberammergauer Pfarrkirche
▼ Auch die Häuser in Oberammergau sind üppig mit Malereien dekoriert.

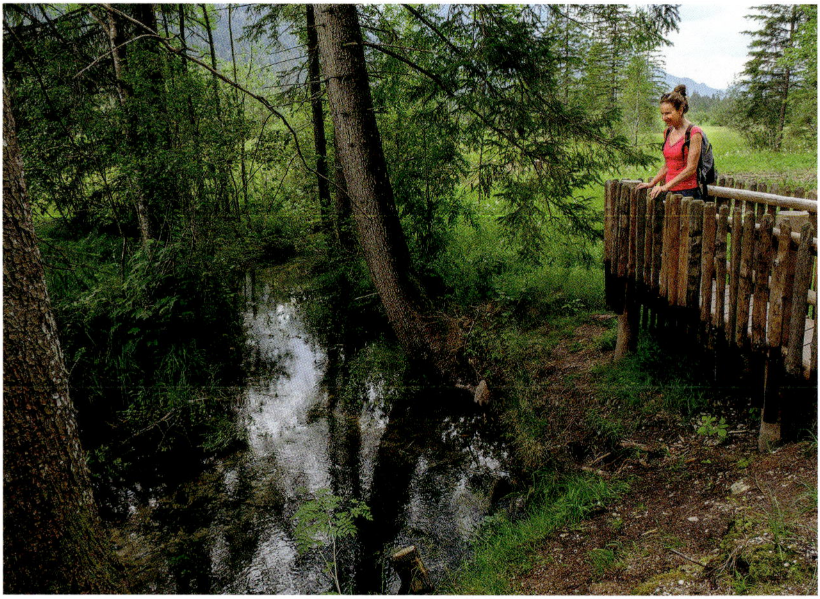

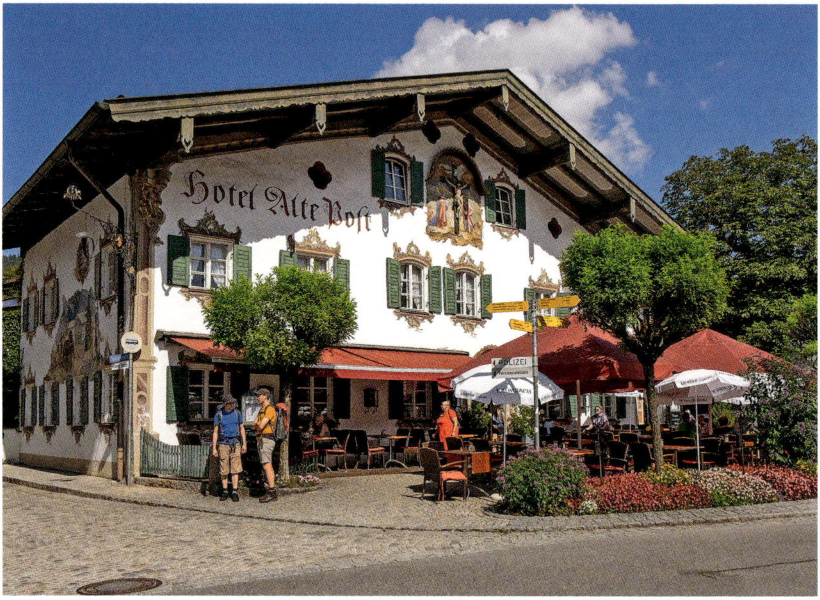

▲ Die Quelltöpfe der Ammer haben einen einzigartigen, fast schon mystischen Zauber.
▼ Sowohl in Oberammergau als auch in Ettal finden wir viele Einkehrmöglichkeiten.

Auf einen Blick

AUSGANGSPUNKT UND ANFAHRT

Ettaler Mühle, Parkplatz;
GPS 47.569981, 11.075496
Bus & Bahn: Mit dem Zug nach Oberammergau und weiter mit Bus 9622 Richtung Linderhof bis Haltestelle Ettaler Mühle
Auto: Zwischen Ettal und Oberammergau zweigt das Graswangtal in Richtung Linderhof ab. Nach knapp 500 m erreicht man die Ettaler Mühle mit ihrem Parkplatz.

GEHZEIT UND SCHWIERIGKEIT

Gute 3 Std. sollte man für die 12 km lange Tour rechnen, die aber völlig flach und somit nicht anstrengend ist.

NOCH WICHTIG

Im Sommer unbedingt Mückenmittel mitnehmen!

ETTAL

Wer das Kloster besucht, darf dabei auch den Klosterladen nicht übersehen – dort erhält man nicht nur das Klosterbier, sondern auch die begehrten Klosterelixiere, die gemeinhin als alkoholische Pflanzenextrakt-Auszüge und damit nicht nur als Heilmittel gelten, sondern auch noch besonders gut schmecken.

EINKEHR

Unterwegs liegt die Gröblalm (Di Ruhetag). Am Ende der Tour kann man in der Ettaler Mühle einkehren bzw. in Ettal und Oberammergau.

INFORMATION

www.ammergauer-alpen.de

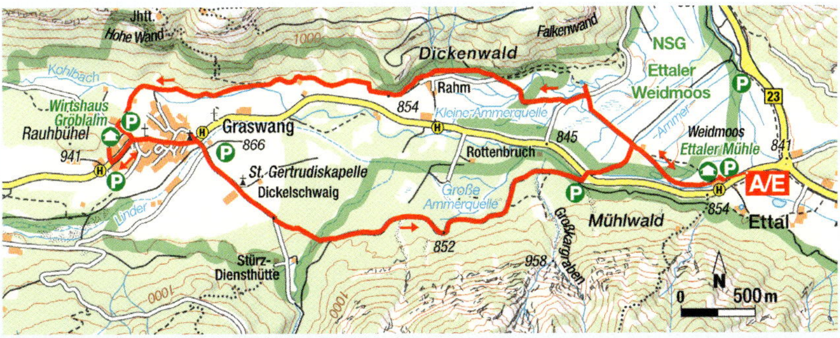

20

Am Altlacher Hochkopf

WASSERFALL, WAGNER, WALCHENSEE – UND EINE TRAUMHAFT AUSSICHTSREICHE WANDERUNG

Das Ziel unserer Bergwanderung ist kein Gipfel, sondern die Altlacher Hochkopfhütte, eine ehemalige Jagdhütte der Wittelsbacher mit einer wahrhaft königlichen Aussicht hoch über dem Walchensee.

Vom **Parkplatz am Walchenseeufer** wenden wir uns, den See im Rücken, auf den Forstweg, gehen an zwei Hütten vorbei und halten uns rechts. Gleich stoßen wir erneut auf die Mautstraße, wo links unser heutiger Wanderweg beginnt (Markierung »Altlacher Hochkopf«); ein **Gedenkstein für Richard Wagner** erinnert hier an dessen Aufenthalt am Hochkopf. Zunächst steigen wir auf der Bergstraße aufwärts, dann weist uns bald ein Schild nach links auf einen idyllischen Wanderweg. Neben uns rauscht ein Bach, bildet Gumpen oder fällt in hohen Stufen hinunter. Schnell gewinnen wir an Höhe, und nach etwa einer Stunde stoßen wir auf die Forststraße, auf der wir ein Stück nach links bergab wandern. Dann beginnt rechts erneut ein Wanderweg. Das gleiche Spiel erleben wir nun öfter, aber die Hütte ist immer gut ausgeschildert.

Bald taucht sie auch schon auf, die kleine **Altlacher Hochkopfhütte**, die gar nicht so majestätisch wirkt. Sie gehört der Alpenvereinssektion Vierseenland und ist eigentlich nur den Mitgliedern vorbehalten. Freundlicherweise stehen auf ihrer südseitigen Terrasse aber ein Tisch und eine Bank, auf die wir uns setzen dürfen. Vor allem unter der Woche hat man oft das Glück, hier ganz für sich allein zu sein und die prächtige Aussicht zu genießen. Da verstehen wir doch gut, warum König Ludwig II. hier oben sogar zweimal seinen Geburtstag feierte.

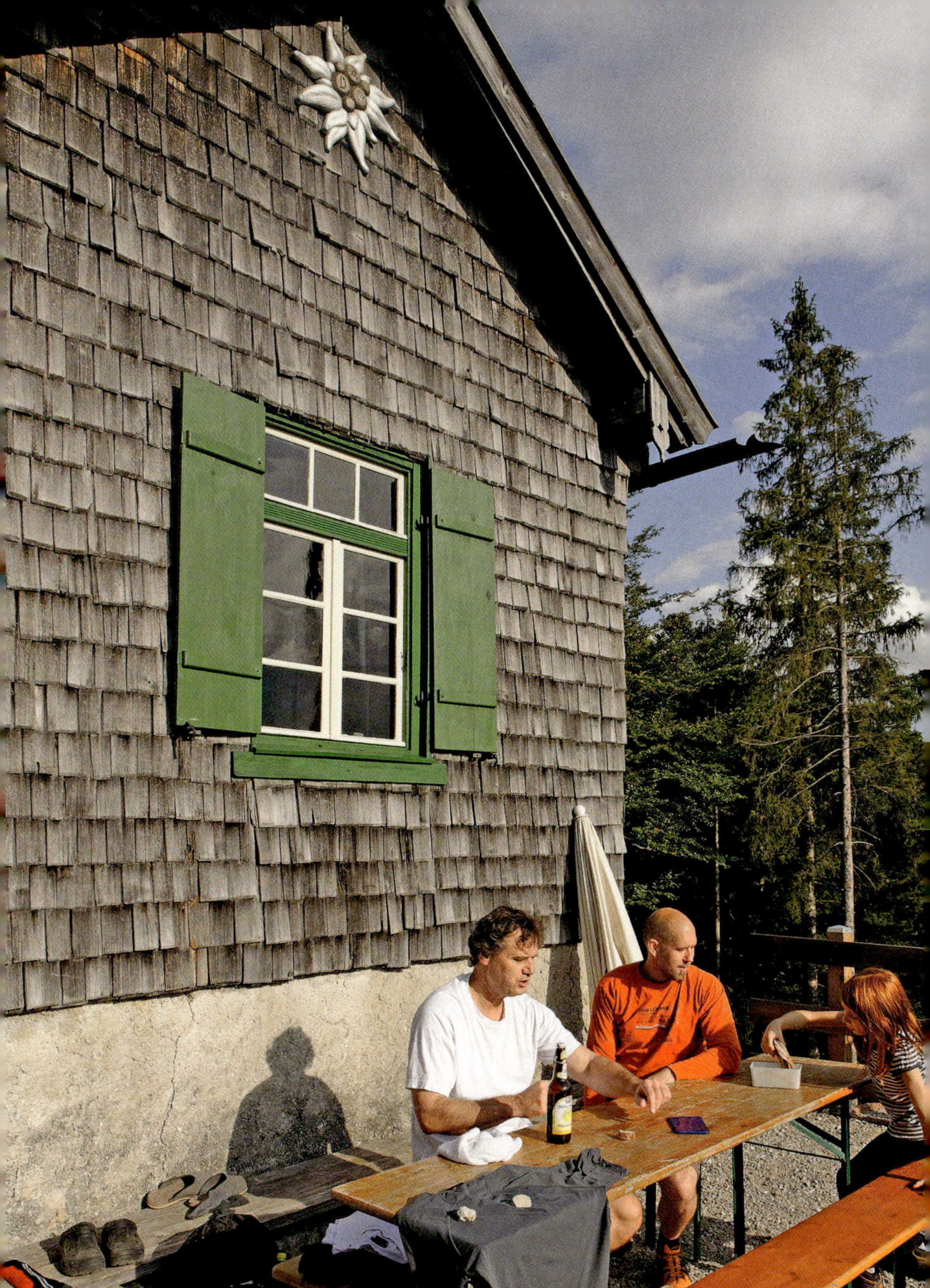

Die Altlacher Hochkopfhütte gehört einem Verein; wenn niemand da ist, darf man sich hinsetzen, aber seinen Müll nimmt man selbst wieder mit ins Tal!

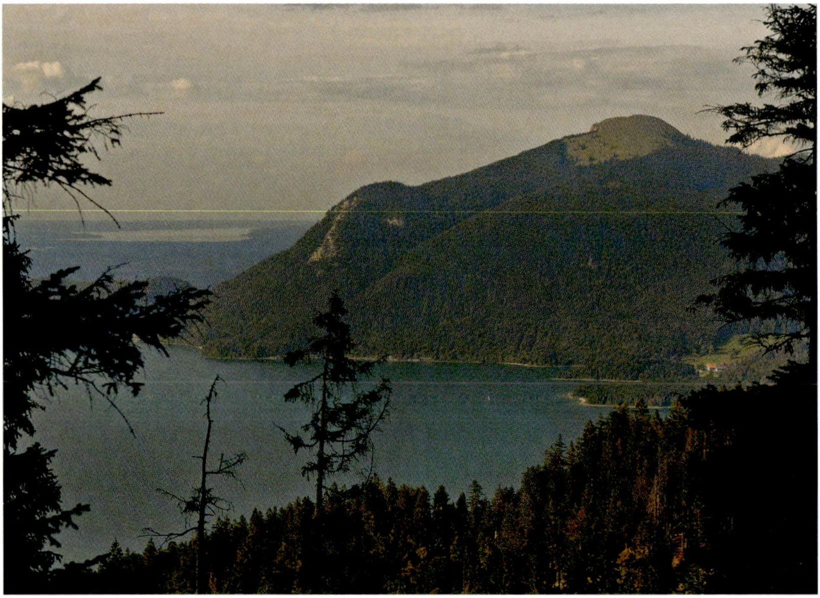

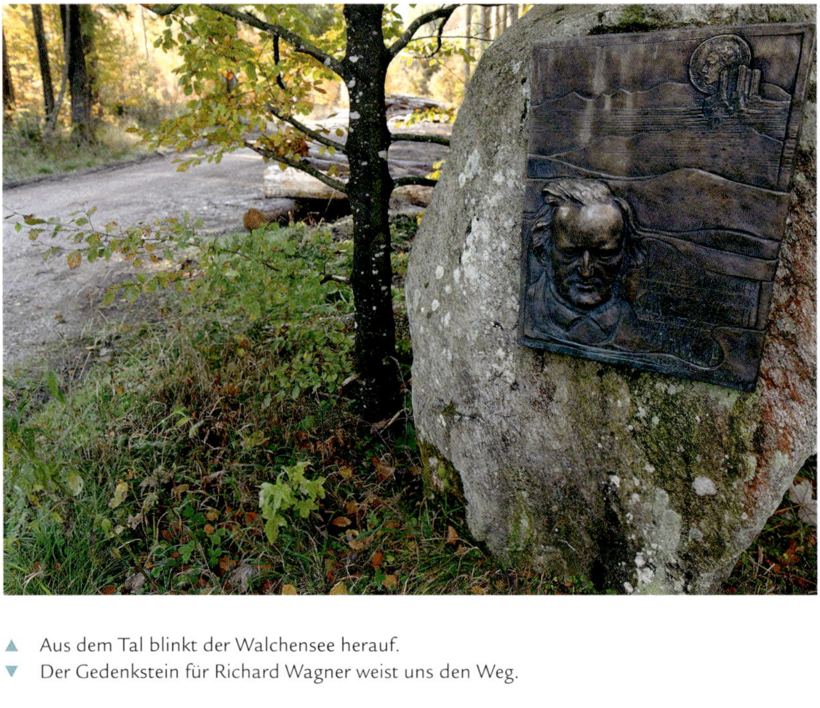

▲ Aus dem Tal blinkt der Walchensee herauf.
▼ Der Gedenkstein für Richard Wagner weist uns den Weg.

Und es gibt auch noch einen **weiteren Aussichtspunkt** – dafür nehmen wir nun einen kleinen Umweg auf einem fast ebenen Panoramapfad auf uns. Diesen finden wir, wenn wir gleich am großen Hüttenvorrats-Holzstoß links auf einen schmalen Wiesenweg einbiegen. Im Sommer ist dieser von hohen Gräsern fast bedeckt, also Augen auf. Der Weg umrundet die nördliche Flanke des Hügels und erlaubt einige schöne Ausblick durch die Bäume auf den Walchensee. Hier herrscht absolute Stille, und auf den Graswasen kann man sich gut hinsetzen.

Nach der Umrundung stoßen wir wieder auf einen Wanderweg, auf den wir auch direkt von der Hütte (geradeaus haltend) gekommen wären. Nun geht es bergab, bis wir wieder zu einer Forststraße gelangen. Auf ihr geht es nach rechts, bis uns gleich darauf an der Kreuzung ein Schild nach links zum Abstieg nach Altlach weist. Wir folgen nun stets der Forststraße, müssen uns dabei noch einmal links halten und erreichen so wieder unseren Ausgangspunkt, den **Parkplatz am Walchenseeufer**.

Der Märchenkönig und sein Komponist

Gleichzeitig mit dem Beginn der Industrialisierung setzte der Historismus ein – vor allem das Mittelalter hatte es der gebildeten Schicht dabei angetan: Der edle Ritter in seinem Kampf für das Gute beflügelte die Literatur, die Bildende Kunst sowie die Architektur. Der Adel ließ sich neue Schlösser erbauen, als Vorbilder dienten die Burgen des Mittelalters. Neuschwanstein ist nur ein Beispiel dafür, was uns sogleich zum bayerischen Märchenkönig **Ludwig II.** bringt. Dieser verbrachte seine Kindheit auf Schloss Hohenschwangau bei Füssen, das sein Vater König Max II. aus einer Ruine im Stil der Neugotik aufbauen ließ. Alle wichtigen Räume waren dort mit historisierenden Bildern ausgemalt, und der Kronprinz hatte sie täglich vor Augen. Selbst die Hauslehrer, die Ludwig unterrichteten, legten größten Wert auf die Geschichte Deutschlands. Dem jugendlichen Prinzen gefielen diese Erzählungen, sie schufen ihm eine Traumwelt, die er sein Leben lang pflegte.

Zur Zeit seiner Thronbesteigung 1864 war der König erst 18 Jahre alt. Es ist naheliegend, dass er sich Gesprächspartner suchte, die seine Schwärmerei für die Vergangenheit unterstützten. So ein Mann war **Richard Wagner**, der mit Werken wie dem »Tannhäuser« oder »Lohengrin« genau das in Musikdramen packte, was Ludwig so fesselte. Nur gut drei Wochen nach seiner Thronbesteigung gewährte Ludwig dem Komponisten eine Audienz, bei der ihre enge Beziehung entstand, die jedoch auf verschiedenen Grundlagen beruhte: Ludwig verehrte den Künstler und setzte alles daran, ihn zu fördern; Wagner sah in ihm wohl vor allem den zahlungskräftigen Mäzen. Allein in den ersten beiden Jahren ihrer Freundschaft ließ Ludwig dem Komponisten 170 000 Gulden zukommen, was heute etwa 1 Million Euro entspricht! Aber die Gunst des Königs musste man sich auch erhalten, und dies ist wohl der Hintergrund für Wagners Aufenthalt am Altlacher Hochkopf. Der Künstler war ein Stadtmensch und interessierte sich überhaupt nicht für einsame Landschaft oder für die Berge. Es ist anzunehmen, dass Wagner dem Drängen und Schwärmen Ludwigs nachgegeben hatte, der die Einsamkeit am Berg so liebte. So verbrachte Wagner zehn Tage auf der Hütte und arbeitete an der Partitur des »Parsifal«, den er erst kurz vor seinem Tod 1883 vollenden sollte. Später berichtete er alles andere als begeistert von diesem Aufenthalt, bei dem ihm wohl das Komponieren abseits aller Zivilisation nicht recht gelingen wollte.

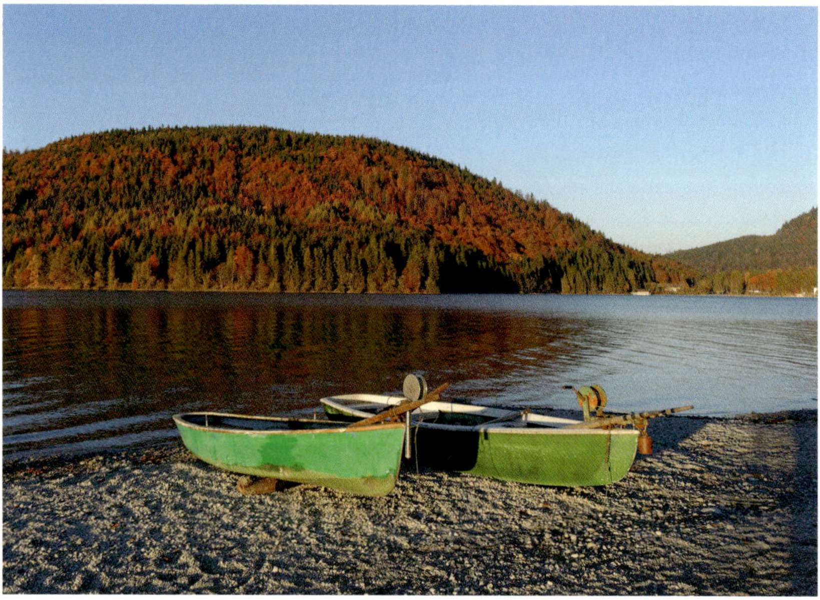

Am Walchensee können wir den Tag ausklingen lassen.

Auf einen Blick

AUSGANGSPUNKT UND ANFAHRT

Walchensee, Parkplatz Nr. 18 am Südufer bei Altlach;
GPS 47.749026, 11.372594
Nur mit dem Auto erreichbar: über Kochel hinauf zum Walchensee und weiter auf der B 11 nach Einsiedl, dort links auf die gebührenpflichtige Mautstraße und entlang des Südufers bis hinter den einsam gelegenen Bauernhof, das ehemalige Altlacher Forsthaus. Der Parkplatz Nr. 18 liegt direkt nach der Rechtskurve auf der rechten Seite.

GEHZEIT UND SCHWIERIGKEIT

Es handelt sich um eine einfache Bergtour mit knapp 4 Std. Gehzeit, verteilt auf 11,5 km. Gut 500 Hm gilt es dabei auf Forstwegen und Pfaden zu überwinden. Keinerlei technische Schwierigkeiten.

FLAKE

Nach der Wanderung kann man noch das Wikingerdorf Flake am Westufer des Walchensees besuchen. Dort wurde ein Teil der Filmkulisse aus »Wickie und die starken Männer« wiederaufgebaut. Der Eintritt ist frei.

EINKEHR

Unterwegs keine – unbedingt eine Brotzeit mitnehmen!

INFORMATION

www.zwei-seen-land.de

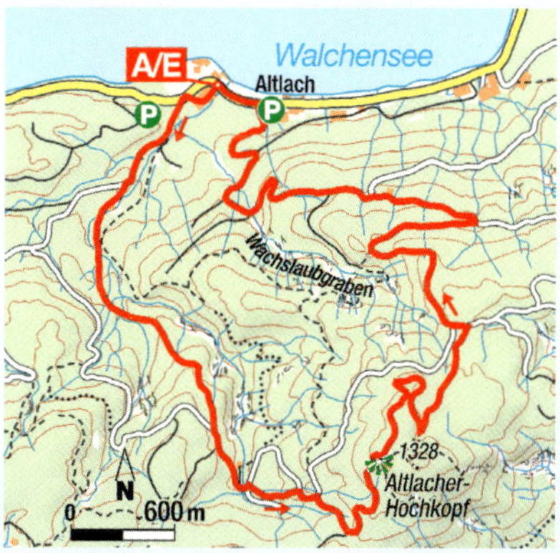

21

Auf dem Felsenweg bei Kochel

ZUKUNFTSWEISENDE INGENIEURSKUNST UND ZWEI MALERISCH GELEGENE SEEN

Es ist Zeit, einmal Kochel, den zugehörigen See, das Walchenseekraftwerk und einen der spannendsten Uferwege zu erkunden, die es im Isar-Loisach-Tal zu entdecken gibt. Uns erwartet ein kleiner Abenteuerausflug in Kombination mit einer abwechslungsreichen Wanderung!

Zu dieser Wanderung starten wir am **Walchenseekraftwerk**, das wir uns anschauen sollten, handelt es sich dabei doch um ein technisches Wunderwerk Oskar von Millers. Wir spazieren vom modernen Informationszentrum zur Rohrleitungsbrücke und halten uns dort rechts auf dem breiten Weg zum See. Wo dieser sich teilt, bleiben wir in Ufernähe und folgen der Beschilderung des **Felsenwegs**. Zunächst bergauf sind wir bald auf einem Pfad unterwegs, dem schönsten Wegabschnitt des heutigen Tages. Nur ein schmales Felsband trennt uns vom dunkelgrünen Wasser, und Kinder gehören an einigen Stellen unbedingt an die Hand genommen, auch wenn der Steig gesichert ist.

Von einer **Aussichtskanzel** mit einem Kreuz ergibt sich die schönste Sicht auf den See. Schnell erreichen wir Raut und wandern dort der kleinen Straße folgend nach **Schlehdorf**, wo wir einkehren oder direkt die Heimfahrt mit dem Schiff antreten können. Wer möchte, steigt an der Bootsanlegestelle »Franz Marc Museum« aus und wandert entlang des Ufers zurück zum **Walchenseekraftwerk**, was angesichts der ansonsten sehr kurzen Wanderung eine gute Entscheidung sein dürfte.

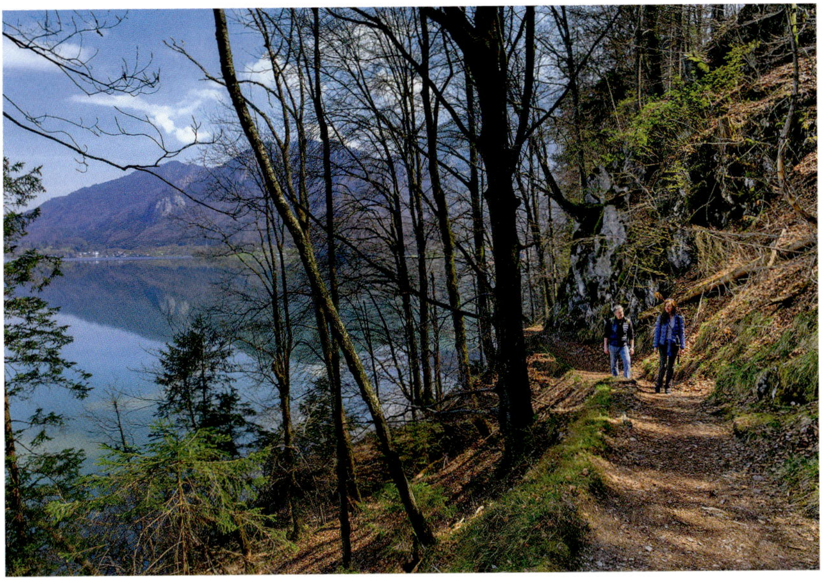

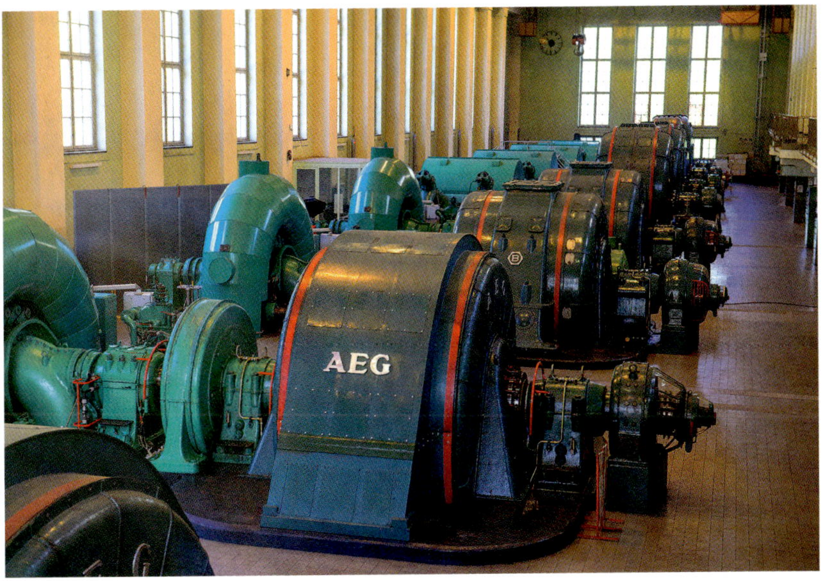

▲ Spannend führt der Felsenweg zwischen Kochelsee und den Ausläufern des Herzogstands durch den Wald.
▼ In den Maschinenraum, das Herzstück des Walchenseekraftwerks, kann man von einem kleinen Balkon einen Blick werfen.

Ingenieurskunst vom Feinsten

»Was machen wir bloß mit dem vielen Strom, den kann doch niemand brauchen!« Das war die einhellige Meinung, als **Oskar von Miller** mit den Planungen zum **Walchenseekraftwerk** begann. Es war der Beginn des 20. Jahrhunderts, als eine Glühlampe nur 15 Watt brauchte und Steckdosen in einem Haushalt als unverschämter Luxus galten. Doch Oskar von Miller dachte zukunftsorientiert – das Rüstzeug dazu hatte er, denn neben dem Studium als Bauingenieur studierte er auch Elektrotechnik. 1882 gelang es ihm zusammen mit dem Ingenieur Marcel Depréz, zum ersten Mal elektrischen Strom über eine weitere Entfernung, nämlich von Miesbach nach München, zu transportieren. 1890 gründete er in München ein Ingenieurbüro für Energiewirtschaft. Bei der Internationalen Elektrotechnischen Ausstellung in Frankfurt 1891, die von ihm geleitet wurde, demonstrierte er die Fernübertragung von elektrischer Energie über 176 Kilometer mittels Wechselstroms (der heute in allen unseren Haushalten fließt). Schickte er Gleichstrom in eine lange Leitung, kamen nur 22 Prozent des eingespeisten Stroms am Ende an, der Rest wurde in Wärme verwandelt; arbeitete er hingegen mit Wechselstrom, so waren es immerhin 70 Prozent. Damit war bewiesen, dass man an beliebigen Stellen Strom produzieren konnte, um ihn per Fernleitung an die Abnehmer zu übertragen – die Grundvoraussetzung für ein Großkraftwerk.

Von Miller trug zum ersten Mal 1897 die Idee eines Kraftwerks vor, bei dem die Höhendifferenz zwischen Kochel- und Walchensee genutzt werden sollte. 1918 wurde endlich mit dem Bau begonnen, nachdem viele Widerstände hartnäckig überwunden werden mussten. Die Konzeption des Kraftwerks war bis ins letzte Detail durchdacht. Da die natürlichen Zuflüsse zum Walchensee bei Weitem nicht für den Kraftwerksbetrieb ausgereicht hätten, leitete man die Isar und den Rissbach über Druckstollen in den See. Die Loisach, der einzige Abfluss aus dem Kochelsee, hätte die neuen Wassermengen im Bereich von Wolfratshausen nicht aufnehmen können, und so baute man parallel zum Fluss einen Kanal, dessen Wasser man vor Wolfratshausen wieder in die Isar ableitete.

Auch beim Kraftwerk hielt man sich alle Optionen offen: Bis heute arbeiten hier große Drehstromgeneratoren und erzeugen 300 Millionen Kilowattstunden im Jahr. Das seit 1983 geschützte Industriedenkmal mit seinen gewaltigen Druckrohren ist das Wahrzeichen von Kochel.

Auf einen Blick

AUSGANGSPUNKT UND ANFAHRT

Walchenseekraftwerk in Altjoch/Kochel; GPS 47.630597, 11.339100
Bus & Bahn: Mit dem Zug nach Kochel und vom Bahnhof zu Fuß in ca. 35 Min. auf einem herrlichen Wanderweg entlang des Ufers zum Kraftwerk
Auto: Das Walchenseekraftwerk liegt südlich von Kochel am See im Ortsteil Altjoch und ist über eine Straße, die kurz vor dem Kesselberg abzweigt, erreichbar. Viele Parkplätze vorhanden. Die Rückfahrt von Schlehdorf erfolgt mit dem Schiff über den See (oder mit dem Bus).

GEHZEIT UND SCHWIERIGKEIT

Kürzere (6 km), zweistündige und fast ebene Wanderung auf Pfaden, Wegen und einer Nebenstraße. Etwas trittsicher muss man auf dem Felsenweg sein; wer starken Höhenschwindel hat, muss hier ebenfalls etwas aufpassen.

NOCH WICHTIG

Das Besucherzentrum am Walchenseekraftwerk lädt ein, sich über die Stromgewinnung zu informieren; der Eintritt ist frei. Baden ist unterwegs an mehreren Stellen möglich. Dazu lohnt sich ein Besuch der Klosterkirche in Schlehdorf.

SCHIFFFAHRT

Auf dem Kochelsee verkehrt von Ostersamstag bis Kirchweihsonntag ein Schiff. In der Hauptsaison von 1.6.–30.9. legt es ab Mittag 5 x täglich ab (in der Nebensaison oft nur an Wochenenden und Feiertagen; Fahrpläne beachten).

EINKEHR

Der familienfreundliche Fischerwirt oder das Klosterbräu mit seinem Biergarten in Schlehdorf; mehrere Möglichkeiten in Kochel

INFORMATION

www.zwei-seen-land.de;
www.motorschifffahrt-kochelsee.de

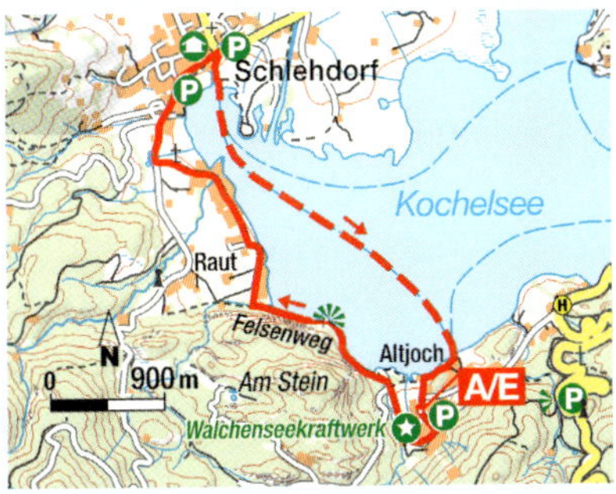

22

Kunstspaziergang durch Kochel

ABTAUCHEN IN DIE WELT DES EXPRESSIONISMUS EINES FRANZ MARC

Kochel hat eine lange Geschichte. Einst letzte Station vor dem damals gefährlichen Kesselberg auf der wichtigen Verbindungsstraße von München nach Italien, avancierte Kochel mit der Zeit zu einem Zentrum für Kunstfreunde, Wanderbegeisterte und Wassersportler. Die umliegenden Berge, der Kochelsee und das Franz Marc Museum erfüllen dabei alle Wünsche.

Wir starten am **Bahnhof von Kochel** und wandern entlang der Bahnhofstraße in die Ortsmitte zum großen Denkmal »Schmid von Kochel«. Auf dem Kirchenweg erreichen wir die **St.-Michaels-Kirche**, in deren angegliedertem Friedhof wir den Grabstein Franz Marcs und seiner Frau sowie an der Südmauer eine Gedenktafel mit seiner Biografie finden. Ein Abstecher nach rechts in den kleinen Pfarrer-Hartmann-Weg bringt uns zu einer ersten Hinweistafel mit dem Motiv »Flatternde Wäsche« des Franz-Marc-Rundwegs.

Zurück an der Kirche, wandern wir am südlichen Rand des Friedhofs entlang und folgen dann mit einem Links-rechts-Schwenk dem Wanderweg, der uns zum **Kochelseeufer** bringt. Hier wenden wir uns nach links und genießen die Seepromenade. An windstillen Tagen spiegeln sich die Gipfel von Herzogstand und Heimgarten wunderschön im klaren Wasser – früher ein beliebtes Malermotiv, das heute vor allem digital verewigt wird. Bald geht es links durch den Kurpark zur Ortsstraße, der B 11. Knapp 200 Meter nach

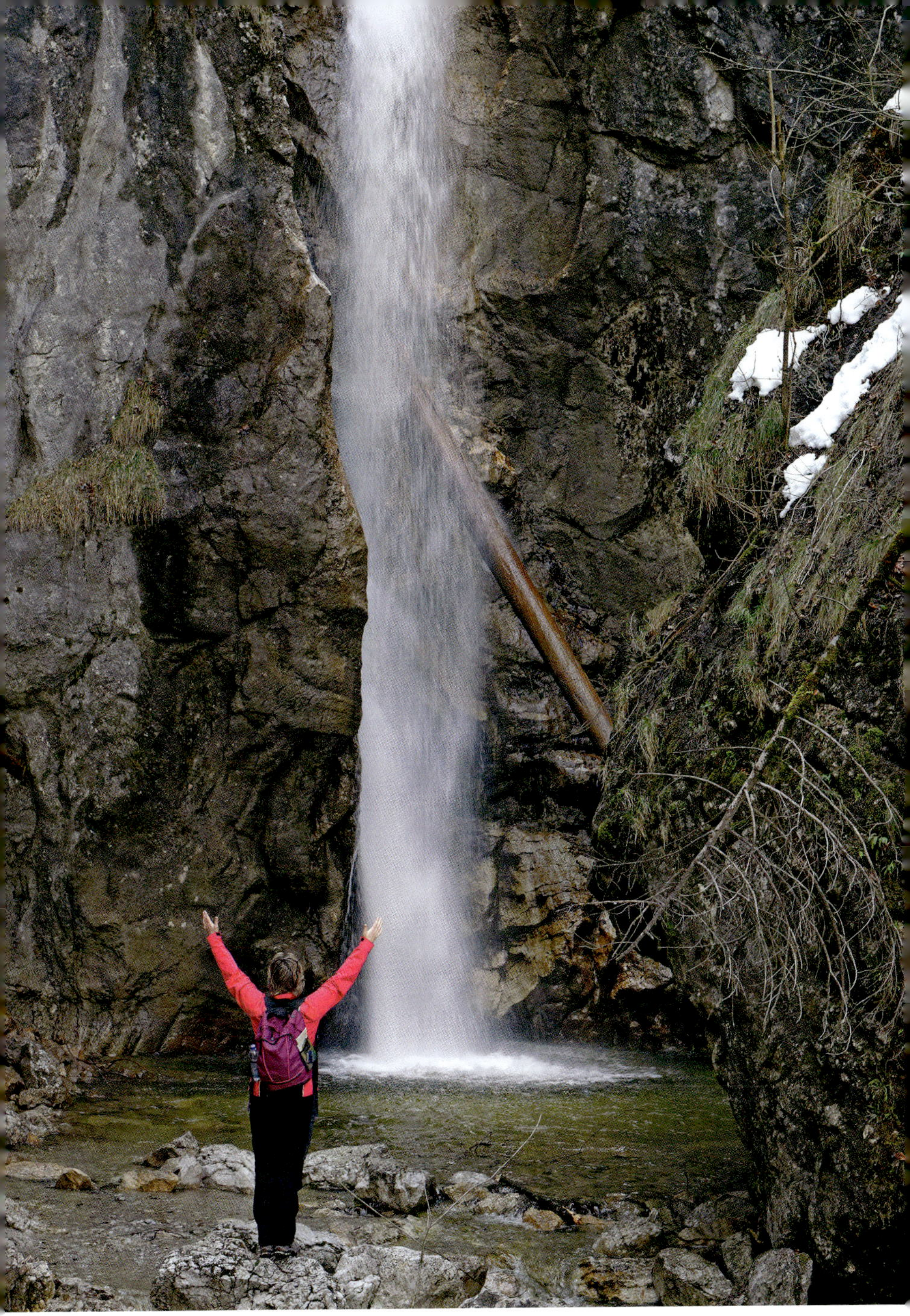

Mit einer kleinen Verlängerung der Wanderung können wir den Lainbach-Wasserfall besuchen.

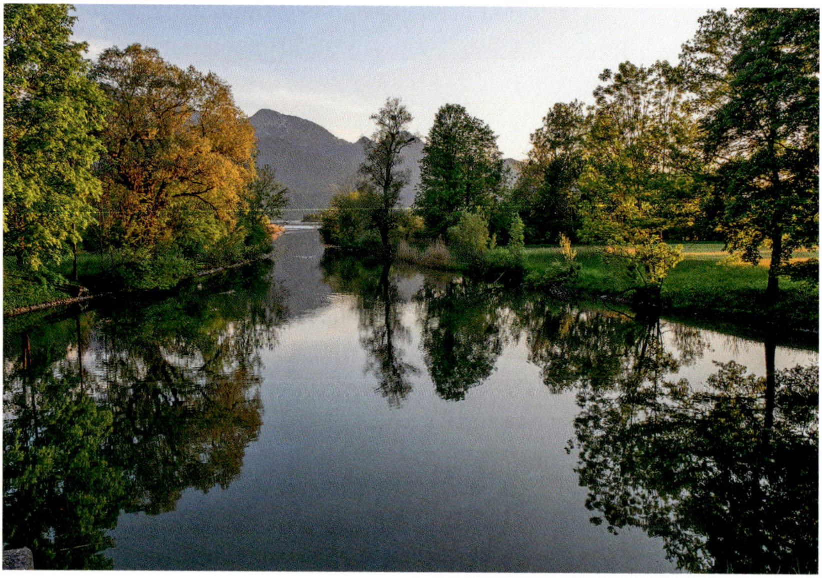

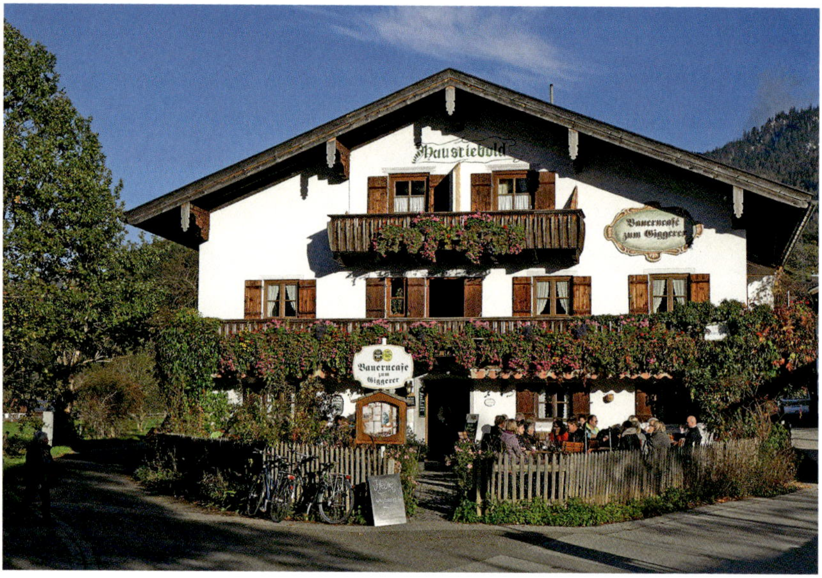

▲ Bei Kochel verlässt die Loisach den See, ein Teil davon wird aber in den stillen Kanal abgeleitet.
▼ Das Bauernhofcafé verführt mit selbst gebackenen Kuchen und Torten zu einer Unterbrechung unseres Spaziergangs.

rechts überqueren wir sie in den Bergfeldweg, von dem wir rechts in den Herzogstandweg abbiegen. So erreichen wir das **Franz Marc Museum** und haben jetzt ausreichend Zeit für eine Besichtigung.

Danach wählen wir den schmalen Weg, der links vom frei stehenden Nebengebäude leicht aufwärts zum **Aussichtspavillon Rothenberg** führt (er ist mit Charlotte-Mittelsten-Scheid-Weg beschriftet). Von oben haben wir einen herrlichen Panoramablick über Kochel und das angrenzende Moor bis nach Benediktbeuern. Auf der anderen Seite blitzt das Blau des Sees hervor, und wir sehen das mächtige Schloss Aspenstein, das heute die Georg-von-Vollmar-Akademie beherbergt.

Nach der Schau-Rast steigen wir den Weg wieder hinunter, wandern um den Rothenberg herum und stoßen auf die Alte Straße. Auf dem Gehsteig spazieren wir nach links zurück ins Dorf, wo sich beim Rathaus und dem **Bauernhofcafé Giggerer** ein Abstecher nach rechts hinauf zum schönen **Aussichtspunkt »Drei Bäume«** lohnt, der von Franz Marc schon auf einem Gemälde verewigt wurde. Ohne Abstecher geht es links durch die Kalmbachstraße zur großen Kreuzung und von dort rechts zurück zum **Bahnhof von Kochel**.

Die bunte Welt des Franz Marc

»Springender Hund«, »Rehe in der Dämmerung«, »Zwei Katzen, blau und gelb« und natürlich »Große blaue Pferde« – mit diesen Tierbildern schrieb **Franz Marc** Kunstgeschichte. Anfangs noch detailverliebt, reduzierte er bald die Formen und ließ im Gegenzug die Farben stärker in den Vordergrund treten. In seiner Kunst war es nicht mehr wichtig, etwas genau abzubilden, sondern vielmehr zu zeigen, wie sich z. B. die Seele der Natur anfühlen könnte. Seine Gemälde wurden abstrakt, und so gilt Franz Marc als Mitbegründer des deutschen Expressionismus.

Am 8. Februar 1880 in München geboren, wollte Franz Marc zunächst Pfarrer oder Lehrer werden und malte nur zum Zeitvertreib. Mit 20 Jahren begann er aber an der Münchner Akademie zu studieren. Zwei längere Frankreichreisen (1903 und 1907) wirkten sich stiländernd auf seine Kunst aus – so verließ er nach der ersten Reise die eher traditionelle Münchner Akademie und richtete sich ein Atelier in der Kaulbachstraße ein. 1906 zog es ihn oft nach Kochel am See und auf die nahe Staffelalm, wo er bereits früher mit seinen

Eltern geweilt hatte. Ein Jahr später heiratete er Marie Schnür, begab sich aber unmittelbar nach der Hochzeit auf seine zweite Frankreichreise. Tief beeindruckt von den Werken Manets und van Goghs kehrte er zurück, und seine bedeutende Schaffenszeit begann. Er ließ sich scheiden und verbrachte den Sommer 1908 mit seiner späteren Frau Maria Franck, die ebenfalls Malerin war, in Lenggries, wo er vermehrt Tierbilder zeichnete. Anfang 1910 lernte er August Macke kennen, und eine tiefe Künstlerfreundschaft entstand. Zu diesem Zeitpunkt konnte Franz Marc noch nicht von seiner Kunst leben, und so war er froh um seinen Mäzen Bernhard Köhler, der ihn finanziell unterstützte und sich im Gegenzug dafür einige Bilder aussuchen durfte – bei den heutigen Werten der Marc'schen Gemälde sicherlich kein schlechter Deal.

1910 zog Marc mit Maria Franck nach Sindelsdorf, wo sie bis 1914 wohnten, ehe sie in Ried bei Kochel ein Haus kauften. In dieser Zeit gründete er zusammen mit Wassily Kandinsky die Künstlervereinigung »Der Blaue Reiter«, der später noch viele weitere Künstler wie August Macke, Paul Klee oder Heinrich Campendonk (s. Tour 24) beitraten. Als Mitte 1914 der Erste Weltkrieg ausbrach, meldete sich Franz Marc freiwillig – keine zwei Jahre später, am 4. März 1916, fiel er mit nur 36 Jahren im französischen Verdun. Im Jahr darauf wurde sein Leichnam nach Kochel überführt.

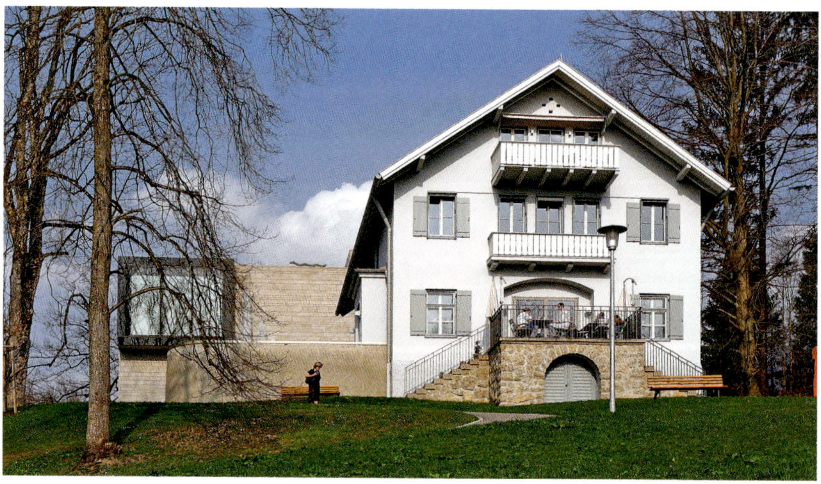

Im Franz Marc Museum werden viele Gemälde des Künstlers gezeigt, zudem gibt es hochinteressante Wechselausstellungen.

Auf einen Blick

AUSGANGSPUNKT UND ANFAHRT

Kochel, Bahnhof;
GPS 47.630597, 11.339100
Bus & Bahn: Kochel ist hervorragend mit der Bahn (Endstation) erreichbar.
Auto: A 95 bis Ausfahrt Großweil und links über Großweil und Schlehdorf nach Kochel. Parkplätze gibt es am Bahnhof.

GEHZEIT UND SCHWIERIGKEIT

Mit 7,5 km ein Spaziergang (2 Std.) durch Kochel mit einigen kleineren Hügeln. Lässt sich beliebig abkürzen oder erweitern. Badesachen nicht vergessen!

VERLÄNGERUNG

Wer gern mehr wandern möchte, geht vom Museum zur Alten Straße und dort durch den Kiensteinweg zum Lainbach. Ihm kann man bachaufwärts folgen und einen schönen Wasserfall besuchen. Danach stets in Wanderrichtung bleibend erreicht man die Kohlleitenalm, biegt dort nach links und kommt ebenfalls zum Aussichtspunkt »Drei Bäume«.

FRANZ MARC MUSEUM

Das Museum wurde 1986 gegründet und 2008 erweitert, denn in der aus der Zeit um 1900 stammende Villa waren die Gemälde nicht mehr sicher, weder vor Feuchtigkeit noch vor Diebstahl. Heute werden die Kunstwerke ausschließlich im Neubau gezeigt, während der Altbau mit seiner Sonnenterrasse des Restaurants »Blauer Reiter« trumpft (www.franz-marc-museum.de).

EINKEHR

Bauerncafé Giggerer, Restaurant Grauer Bär am See oder das Café »Blauer Reiter« beim Museum. Ein weiteres Einkehr-Highlight ist das Café Dannerer gegenüber der Kochler Kirche.

INFORMATION

www.zwei-seen-land.de

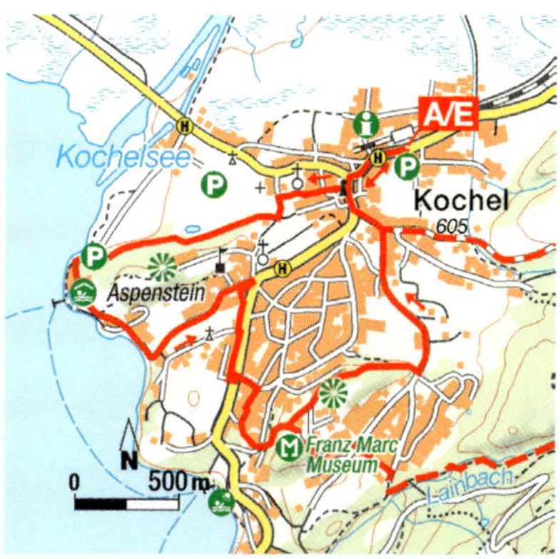

23

Benediktbeuern und das Moor

FRAUNHOFER UND SEINE GLASHÜTTE IM KLOSTER BENEDIKTBEUERN

Vom Kochelsee bis nach Penzberg erstreckt sich ein weites Moor, an dessen Rand das Kloster Benediktbeuern liegt. Seine Gründung geht auf das 8. Jahrhundert zurück; es war über alle Epochen hinweg der kulturelle und religiöse Mittelpunkt dieser Gegend und ist es bis heute geblieben.

Vom **Benediktbeurer Klosterparkplatz** können wir entweder der kleinen Straße ins Moor folgen, die hinter den Gebäuden rechts durch eine Allee führt. Oder wir erkunden zuerst den **Sinnesparcours**, für den wir gegenüber dem Parkplatz einem Feldweg nach links folgen. Dieser führt links über einen Steg auf eine Wiese. Über den Sinnesparcours kommen wir zu einem **Biotop** und dann ebenfalls zur kleinen Straße ins **Moor**. Sie teilt sich gleich nach der Allee. Jetzt halten wir uns rechts und bleiben stets auf dem Hauptweg.

An der **Vogelbeobachtungsstation** geht es mit einem Rechts-links-Schwenk weiter zur Loisach. Bevor wir diese erreichen, lohnt sich ein Abstecher nach rechts zu einem spannenden **Moorlehrpfad**. Am Loisachufer wenden wir uns dann nach links und marschieren nun relativ lange flussaufwärts. Immer wieder entdecken wir Biberschäden. Interessant ist eine Biber-Natur-Führung, die man über das ZUK im Kloster buchen kann.

Wo ein größerer Feldweg nach links abzweigt, nehmen wir diesen und wandern nun über die Felder auf die Benediktenwand zu. Das Kloster sehen

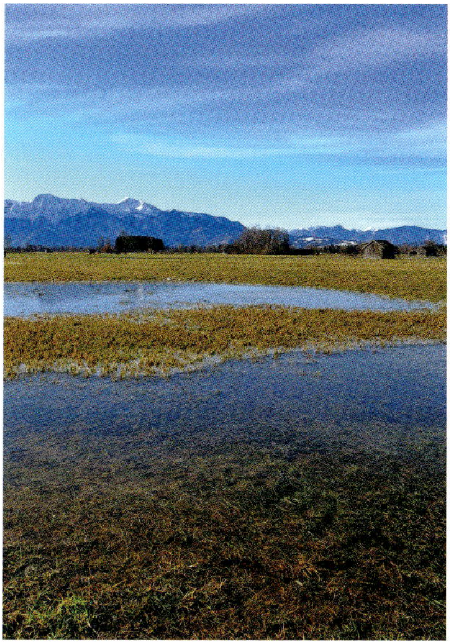

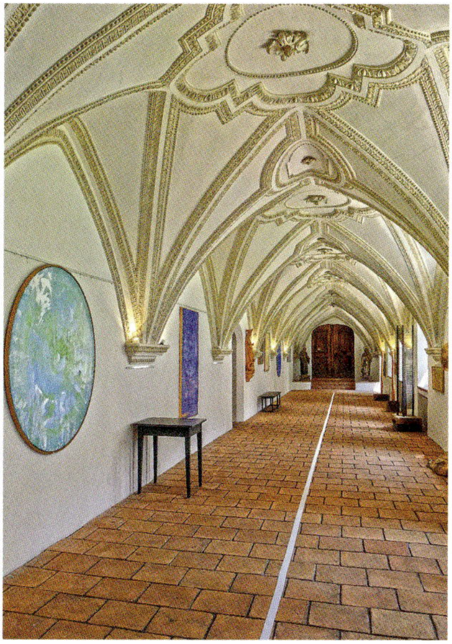

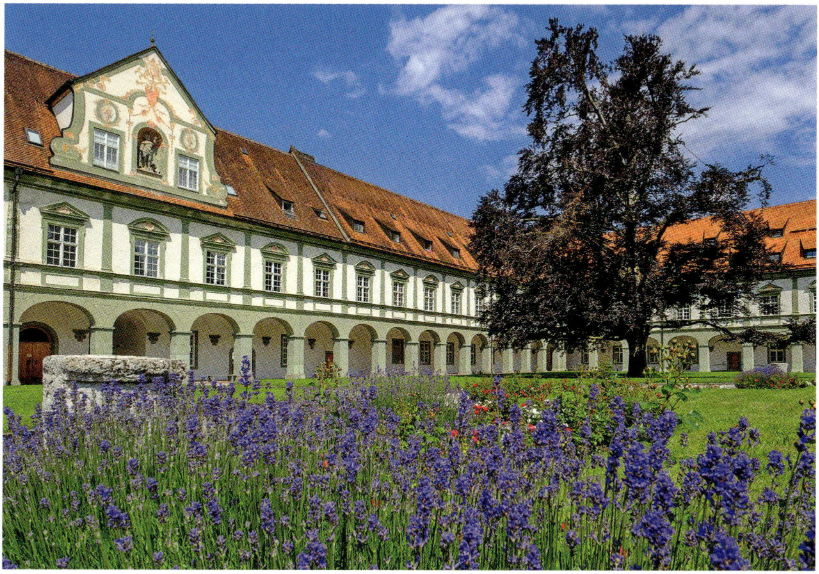

◀ Die Wiesen im Moor sind besonders im Frühjahr nass, aber ein perfekter natürlicher Wasserspeicher.

▶ Im frei zugänglichem Kreuzgang des Klosters gibt es oft Ausstellungen.

▼ Der großzügige Innenhof im Kloster Benediktbeuern

wir schräg links von uns liegen. So stoßen wir an einem Gewerbegebiet auf Bahngleise, unmittelbar davor geht es nach links (geradeaus kommt man zum Café ASTwerk). Nun geht es zum **Kloster Benediktbeuern** zurück, und wir haben hoffentlich noch Zeit für eine Besichtigung.

Optik im alten Waschhaus

1797 verstarb in Straubing die Glasermeistersgattin Anna Fraunhofer. Sie hinterließ elf Kinder, der jüngste, Josef, war gerade erst 10 Jahre alt. Ein Jahr später starb auch ihr Mann. Keine Chronik erzählt, was mit den anderen Geschwistern geschehen ist, nur von **Josef Fraunhofer** weiß man, dass er zu einem Drechsler in die Lehre kam. Allerdings nicht sehr lang, den Josef war für die Arbeit zu schwächlich. Sie schickten ihn nach München zum Hofspiegelmacher Weichselberger, um ihn eine Lehre als Glasschleifer und Spiegelmacher antreten zu lassen. Am 21. Juni 1801 geschah eine Katastrophe: Das Haus des Lehrherrn stürzte ein und begrub vier Menschen unter sich, darunter den Lehrling Josef.

So schlimm das auch war, der Tag brachte für den Jungen die Wende in seinem Leben. An seiner Rettung beteiligte sich sogar Kurfürst Max IV. Josef. Und weil sich dieser so unglaublich freute, dass er einem Menschen das Leben retten konnte, schenkte er Josef alles Geld, das er in der Tasche hatte: 18 Dukaten, umgerechnet ca. 2500 Euro! Zudem lernte Josef bei seiner Rettung den Unternehmer Utzschneider kennen. Dieser war von der Wissbegier des Jungen tief beeindruckt, und so förderte er ihn. Als Josef seine Lehre beendet hatte, nahm ihn Utzschneider in seine Firma auf, die sich mit der Herstellung von optischen Geräten befasste – die beste Entscheidung, die er treffen konnte. Die Firma wurde in das nach der Säkularisation leer stehende Kloster Benediktbeuern verlagert, und innerhalb weniger Jahre revolutionierte Josef Fraunhofer die gesamte Optik. Seine optischen Geräte, Ferngläser, Theodoliten, Teleskope oder Spektralapparate erlangten Weltruf. Niemand konnte eine ähnliche Qualität anbieten – selbst Napoleon soll nicht mehr von einem Fernrohr, sondern von einem »Fraunhofer« gesprochen haben.

Leider starb Fraunhofer bereits 1826, vermutlich an einer Quecksilbervergiftung durch die Arbeit an Spiegeln. König Ludwig I. ließ auf seinen Grabstein am Alten Südfriedhof von München meißeln: »Approximavit Sidera« – »Er brachte uns die Gestirne näher«.

Auf einen Blick

AUSGANGSPUNKT UND ANFAHRT

Benediktbeuern, Klosterparkplatz; GPS 47.708647, 11.400224
Bus & Bahn: Mit öffentlichen Verkehrsmitteln erreicht man Benediktbeuern mit der Bahn.
Auto: A 95 bis Ausfahrt Sindelsdorf/Bad Tölz, weiter Richtung Bad Tölz, dann rechts abbiegen nach Benediktbeuern und vor den Bahngleisen rechts durch die Allee zum Kloster. Große Parkplätze auf der Nordseite

GEHZEIT UND SCHWIERIGKEIT

Sehr sonnige, 10 km lange Wanderung (knapp 3 Std.) ohne Höhenmeter

FRAUNHOFER-WERKSTATT

Am Beginn der Fraunhoferstraße steht das alte Waschhaus des Klosters, in das Josef von Fraunhofer seine Glasschmelze einbauen ließ. Die zwei großen Schmelzkessel stehen noch und vermitteln gut die Größe der einstigen Glasproduktion. Die Glashütte ist heute ein Museum (täglich geöffnet 9–16 Uhr).

KLOSTER BENEDIKTBEUERN

Das Kloster und seine Kirche sowie der Kreuzgang und die netten Cafés kann man gut selbstständig erkunden. Nur im Rahmen einer Führung sind der barocke Festsaal mit seinem einzigartigen Gemäldezyklus sowie der Kurfürstensaal zu besichtigen, das lohnt sich jedoch sehr!

EINKEHR

Klosterbräustüberl Benediktbeuern mit schönem Biergarten. Sehr gut ist das Restaurant Friedenseiche auf der Dorfseite. Otti's Eis- und Cafégarten (Ignaz-Günther-Str. 2, etwas versteckt beim Bahnhof) liegt romantisch in einem Garten mit lauschigen Sitzplätzen. Das Café ASTwerk (nur Mi–Sa) der ist ein cooles Kaffeehaus in einer Schreinerei.

INFORMATION

www.kloster-benediktbeuern.de

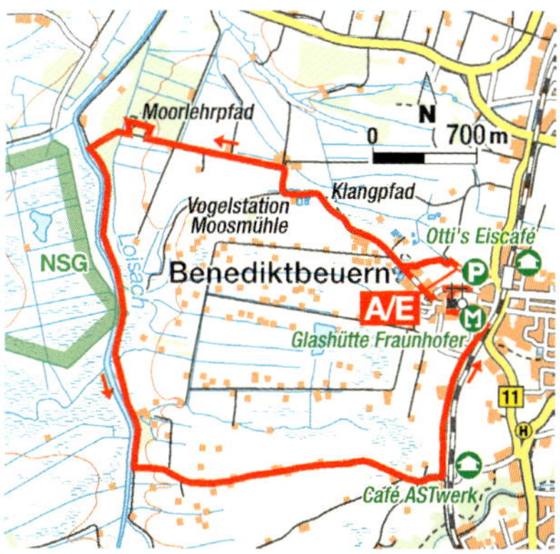

24

Rund um Penzberg

AUSSICHTSREICH MIT CAMPENDONK UM DIE EHEMALIGE BERGWERKSTADT

Penzberg ist als Wanderort eher unbekannt. Aber das Benediktbeurer Moor, das mit seinen beschaulichen Wegen lockt und dabei traumhafte Ausblicke auf die bayerischen Alpen bietet, reicht bis an die südliche Stadtgrenze heran. Zudem gibt es in Penzberg eine lebendige Kunstszene und ein Museum von Rang und Namen.

Vom **Penzberger Bahnhof** wandern wir zum Bahnübergang und gehen auf der Bahnhofstraße Richtung Stadtmitte. An der nächsten größeren Straße biegen wir rechts in die Ludwig-März-Straße ein und wandern zur Eisenbahnbrücke. Unmittelbar davor wenden wir uns links in die Südstraße, an deren Ende wir zum Waldrand kommen, wo ein Pfad beginnt. Wir halten uns gleich zu Beginn rechts, eher in Gleisnähe, überqueren diese jedoch nicht. Anfangs teilt sich der Weg häufig, aber wenn wir uns an den parallel dazu verlaufenden Schienen orientieren, können wir uns nicht verirren.

Schließlich verlassen wir den Wald und wandern nach links am Rand einer Wiese entlang zur Bichler Straße. Hier stoßen wir auf einen Rad- und Fußweg, dem wir für 700 Meter nach rechts folgen. Der Beschilderung nach St. Johannisrain folgend, biegen wir rechts ein, queren die Gleise und folgen der Straße durch **Edenhof**. Hinter dem Weiler sehen wir bereits das Johannisrainer Kirchlein – die kleine Zwiebelturmkirche liegt traumhaft erhöht vor den Benediktbeurer Moorflächen. Anschließend spazieren wir durch den dazugehörigen Weiler **Johannisrain**. Wer jetzt schon genug vom Wandern hat, der hält sich an Weggabelung rechts und erreicht Penzberg wieder in

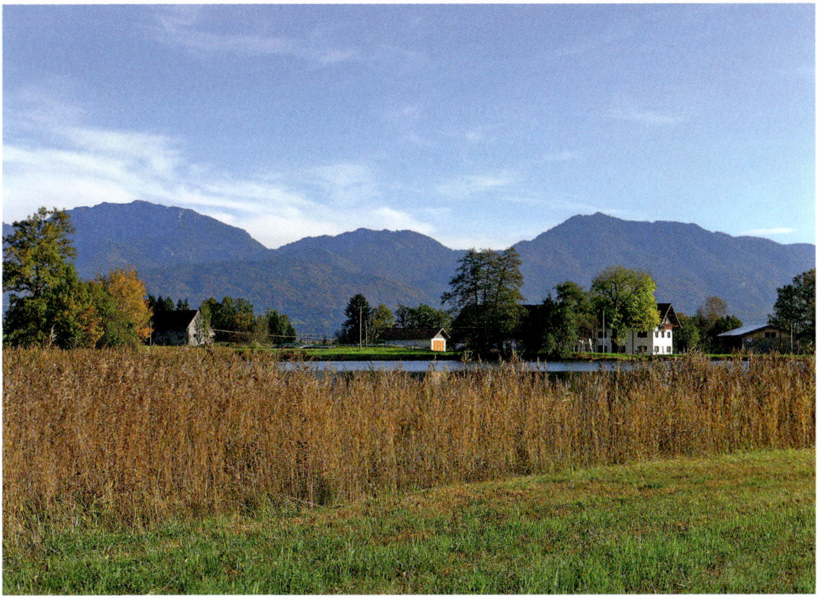

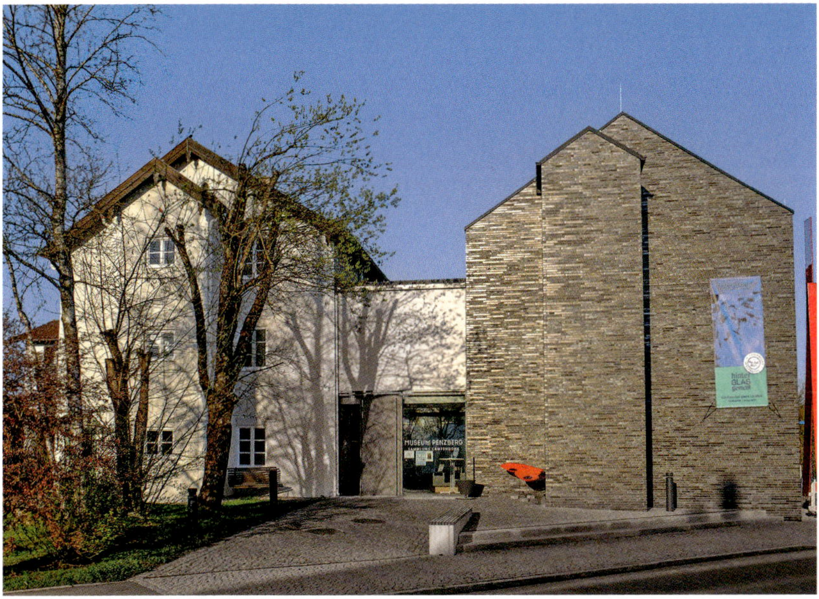

▲ Der Riederner Weiher wird von den meisten Einheimischen nur Zwinkweiher genannt.
▼ Das Museum befindet sich in der Karlstraße/Am Museum 1 in Penzberg.

der Ludwig-März-Straße. Wer noch Energie übrig hat, bleibt geradeaus auf dem Feldweg und trifft in **Unterrieden** auf den **Riederner Weiher**. Von dort geht es zur großen Straße, die wir geradeaus queren. Nach knapp 200 Metern biegen wir rechts ein; leicht bergab halten wir uns anschließend links auf den Feldweg. Nach einem kleinen Waldstück stoßen wir wieder auf eine Straße und folgen dieser für 500 Meter nach links, am besten auf dem Wiesenstück am Rand. Gleich bei der nächsten Möglichkeit verlassen wir die Autostraße nach rechts und wandern leicht aufwärts zum ersten Haus von **Breunetsried**. Hier beginnt rechts ein schmales geteertes Sträßchen, das aber nur für Anlieger freigegeben ist. Wo der Weg sich scharf nach links wendet, bleiben wir geradeaus, und unmittelbar vor dem Säubach geht es dann nach links über ein Feld zur Bahnlinie. Eine Unterführung bringt uns zu einem kombinierten Fuß- und Radweg, dem wir nach rechts folgen. Der Weg mündet fast schon im Penzberger Stadtzentrum in die große Seeshaupter-/Karlstraße. Letzterer folgen wir nach rechts und erreichen so das **Museum Penzberg mit der Sammlung Campendonk**. Weiter auf der Karlstraße sind wir kurz darauf im Zentrum **Penzbergs** und, an der Ampel rechts, zurück am Ausgangspunkt.

Campendonk und Penzberg

Zur Gruppe »Blauer Reiter« gehörten viele weltberühmte Künstler wie Wassily Kandinsky, Franz Marc und Gabriele Münter. Weniger bekannt war **Heinrich Campendonk**. Der 1889 in Krefeld geborene Maler lebte 1916–1922 in Seeshaupt. Zu Penzberg fühlte er sich wohl besonders hingezogen, denn er malte immer wieder Szenen aus der Bergarbeiterstadt. Als »entarteter« Künstler war er in Deutschland verfemt, und so floh er in die Niederlande, wo er 1957 verstarb.

Seine Werke kann man im Penzberger Museum in der Sammlung Campendonk bewundern; daneben werden immer wieder auch interessante Wechselausstellungen geboten. Falls das Museum jedoch geschlossen haben sollte, empfehlen wir, an der Kreuzung in der Penzberger Innenstadt nach links die moderne Christkönigskirche zu besuchen – hier finden sich zwei wunderschöne, von Campendonk 1937 gestaltete Glasfenster, das Passions- und das Jesaja-Fenster, die ursprünglich für den Kölner Dom vorgesehen waren und bei der Weltausstellung in Paris mit dem Grand Prix ausgezeichnet wurden.

Auf einen Blick

AUSGANGSPUNKT UND ANFAHRT

Penzberg, Bahnhof;
GPS 47.749026, 11.372594
Bus & Bahn: Mit dem Zug nach Penzberg
Auto: Penzberg ist über die A 95, Ausfahrt Iffeldorf/Penzberg, erreichbar. In der Ortsmitte geht es an der großen Kreuzung (Ampel) rechts zum Bahnhof.

GEHZEIT UND SCHWIERIGKEIT

Eine mit 12 km (3.30 Std.) längere Wanderung ohne große Steigungen, meist auf Wander- und Feldwegen und wenig befahrenen Nebenstraßen

PENZBERG

Penzberg lässt sich als »melting pot of Nations« bezeichnen. Das ehemalige Bergwerksstädtchen wächst in seiner Bevölkerungsstruktur anders als alteingesessene bayerische Dörfer. So leben heute 74 Nationen in der Stadt, eine herrlich weltoffene Mischung, wie man auch angesichts der großen Penzberger Moschee erkennt.
Ein weiteres Highlight ist die alte Bergwerkshalde, von der man einen tollen Ausblick genießt.

EINKEHR

Unterwegs keine, erst im Anschluss an die Tour gibt es verschiedene Möglichkeiten im Penzberger Stadtzentrum.

INFORMATION

www.penzberg.de

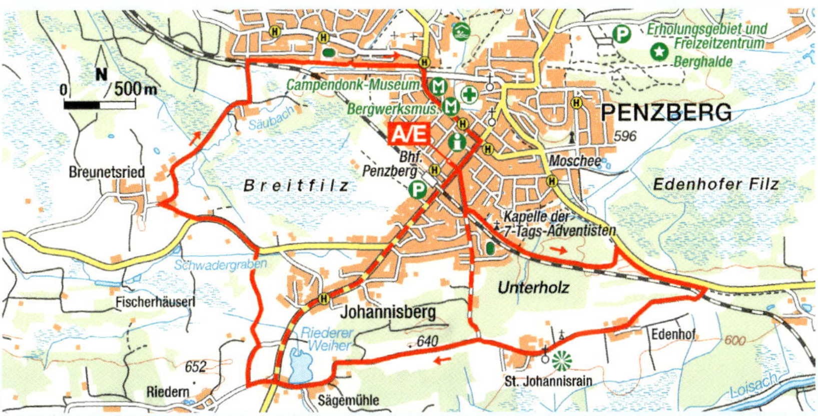

25

Von Bad Heilbrunn auf den Buchberg

VOM QUELLENGLÜCK EINER KURFÜRSTIN UND SCHÖNSTEN PARADEFLECKERLN

Was hat Bad Heilbrunn mit Schloss Nymphenburg und der Münchner Theatinerkirche zu tun? Die Antwort wird Sie überraschen! Heute dreht sich aber in Bad Heilbrunn alles um Kräuter, und natürlich eignet sich das Dorf im schönen Tölzer Land auch perfekt für beschauliche Wandertouren.

Wir starten in **Bad Heilbrunn** am Kräutergarten-Parkplatz und spazieren durch den **Kräuter-Erlebnis-Park**, der an der Grundschule endet. Dort halten wir uns links, folgen dem Fußweg vorbei am Fußballplatz und biegen am Wertstoffhof links in die Straße. Vor der Brücke, die über den Stallauer Bach führt, geht es rechts in den Privatweg und nach wenigen Metern links über eine weitere Brücke, dahinter aufwärts durch den Wald. Oben halten wir uns rechts und folgen dem Feldweg nun immer bergauf. So erreichen wir die beiden Höfe von **Wörnern**. Von dort haben wir bereits einen herrlichen Blick über das Loisachtal bis Wolfratshausen.

Nach den Höfen halten wir uns geradeaus in den von Bäumen gesäumten Forstweg; große, mächtige Buchen dürfen hier alt werden. An einigen Almwiesen vorbei sind wir kurz darauf im hübschen **Weiler Buchberg**. Der kleinen Teerstraße, die hier beginnt, folgen wir für ca. 400 Meter bis zum Beginn des Waldes. Dann sehen wir rechts von uns auf einer Wiese das **Gipfelkreuz des Buchbergs**, zu dem ein Trampelpfad hinaufführt. Dort oben haben wir den

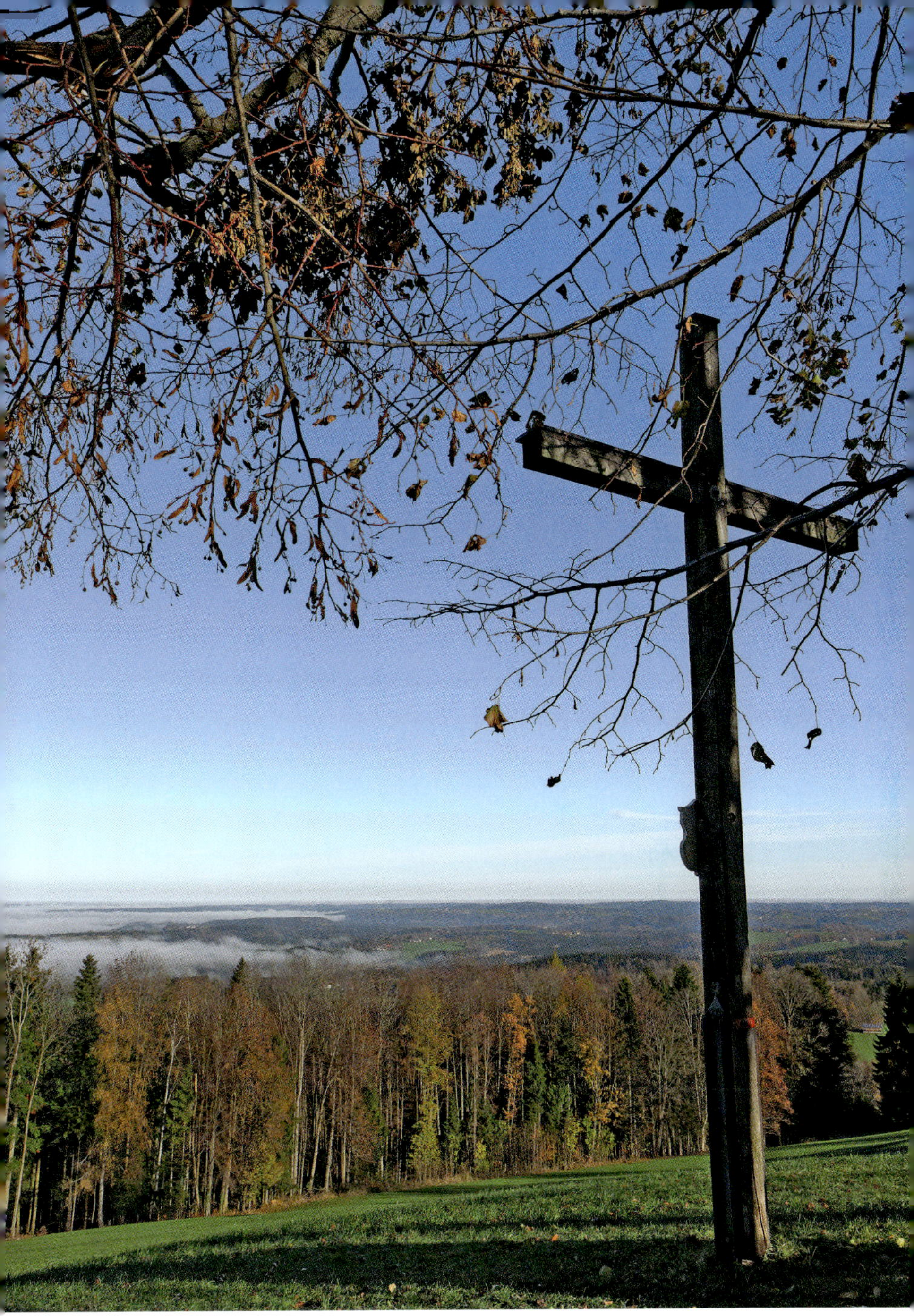

Der Buchberg ist sogar von einem richtigen Gipfelkreuz bekrönt.

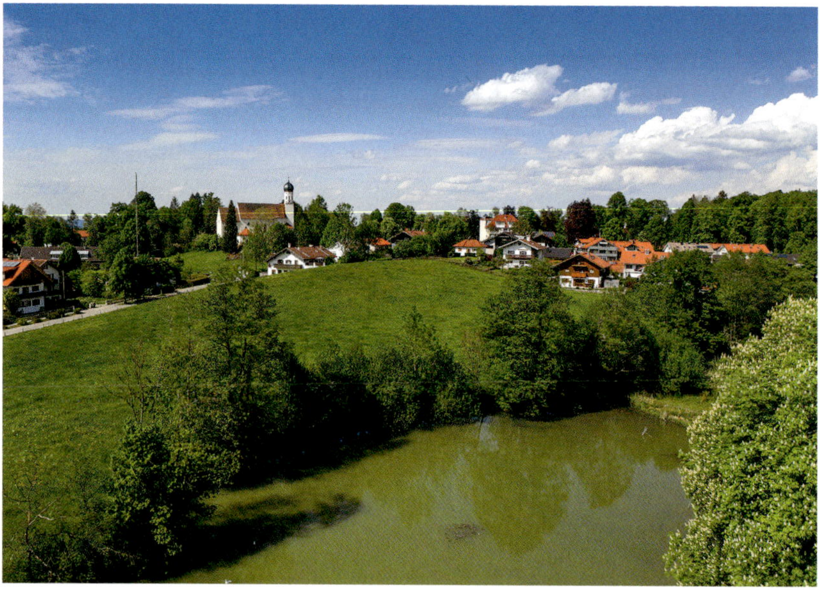

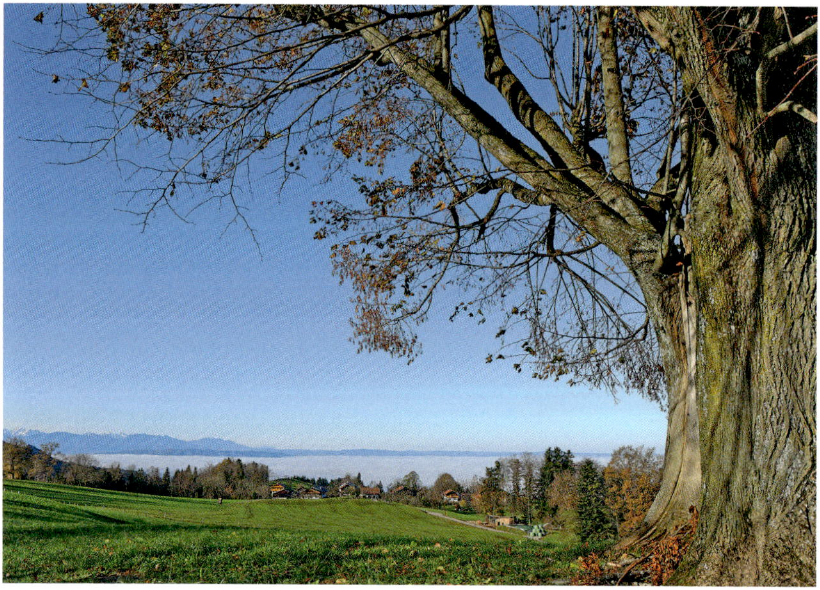

▲ In dem kleinen Kaltenmarkter Weiher unterhalb der Kirche schwamm einst das Prachtschiff der Kurfürstin.

▼ Über den Buchberg führte eine der vielen römischen Nebenstraßen.

höchsten Punkt unserer Wanderung erreicht und freuen uns über das unerwartet weite Panorama. Zudem werfen wir unbedingt noch einen Blick auf die mächtige Linde, in deren Inneres gern einheimische Kinder schlüpfen.

Wer keine Lust auf einen steilen Abstieg hat, geht auf dem Hinweg wieder zurück. Ansonsten wandern wir zu dem großen Haus hinunter, umrunden es und gehen nach rechts auf einem Feldweg zu einem freien Platz. Links beginnt der Abstieg durch den Wald. Der Pfad verläuft zunächst in östliche Richtung am Berghang entlang und wendet sich dann mit einem scharfen Rechtsknick zurück nach Westen. Abwärts erreichen wir die Häuser im Weiler **Stallau**. Am Café Nirwana biegen wir rechts ein und folgen der Straße in Wanderrichtung zum Campingplatz. Als Wanderer dürfen wir den Platz überqueren – an seinem Ende gibt es bei einem Tor einen kleinen Durchschlupf. Der Uferweg des **Stallauer Weihers** vervollständigt unser Wanderglück. Am Ende des Sees folgen wir der Linkskurve zum ehemaligen Gasthof Wiesweber, halten uns dort rechts und biegen gleich erneut rechts in die Straße ein, die über Felder und noch einmal leicht bergauf wieder in den Weiler **Wörnern** führt.

Nun wandern wir ein Stück auf dem Hinweg zurück, biegen jedoch nicht links zu den Treppenstufen hinab, sondern bleiben auf dem Feldweg. An den nächsten Häusern sind wir in **Hub**; dort stoßen wir auf eine Teerstraße, der wir weiter in Wanderrichtung zwischen den Häusern hindurch zu einem auffälligen windschiefen Schupfen folgen. Dort links vorbei bringt uns der Feldweg abwärts zu den Häusern der Ramsau. Ein Abstecher führt zuvor zur **Antoniuskapelle** auf dem kleinen Hügel.

Ramsau durchqueren wir alsdann in Wanderrichtung und erreichen das Gasthaus RamsAu, eine gute Adresse für eine Einkehr. Gegenüber queren wir den Bach und steigen über Stufen bergauf über eine Wiese. Wir passieren die Rückseite eines Bauernhofs und folgen dahinter dem Wanderweg nach rechts. Er führt leicht bergauf vorbei an einer Kapelle nach **Bad Heilbrunn**. Ein letztes Mal genießen wir die Aussicht über das Loisachtal, dann wenden wir uns links in den Talweg, der uns zum Ausgangspunkt zurückbringt.

Heilbrunns geliebte Kurfürstin

1159 wurde das gesunde Heilbrunner Wasser von Mönchen aus Benediktbeuern zum ersten Mal erwähnt. Einen Aufschwung erlebte der Ort aber erst 1659, als **Kurfürstin Henriette Adelaide**, Prinzessin aus dem piemontesischen Königshaus Savoyen, zu einer mehrwöchigen Trinkkur anreiste. Die Kurfürstin war bereits acht Jahre verheiratet, aber der wichtige Nachwuchs für den Fortbestand der Dynastie war noch immer nicht in Sicht. Dies sollte das jodhaltige Heilbrunner Heilwasser ändern. Kurfürst Ferdinand Maria, ihr Ehemann, ließ dafür eigens ein Badehaus errichten: In nur fünf Monaten wurde neben der Quelle ein zweistöckiger Vierseithof aus dem Boden gestampft. Unten lagen die Baderäume, darüber die Wohnräume für die Prinzessin und ihre engsten Vertrauten. Zudem wurden neue Wirtschaftsgebäude errichtet, denn die Kurfürstin reiste mit 200 Bediensteten des Wittelsbacher Hofstaats an.

Eine wahrhaft königliche Sommersaison begann in dem kleinen Dorf. Die ganze Umgebung war dazu verpflichtet, etwas zum Wellnessurlaub ihrer Majestät beizusteuern: Die Mönche des Tölzer Franziskanerklosters lieferten Gemüse, 400 Brote wurden täglich im Benediktbeurer Kloster gebacken, und die Bauern brachten ihre Tiere in die fürstliche Küche. Auch für kulturelle Kurzweil wurde gesorgt und kurzerhand das pompöse, nach venezianischem Vorbild erbaute Ruderschiff »Bucentaurus« vom Starnberger See in den Kaltenmarkter Weiher geschoben. Bei Musik und dem gerade erst aufgekommenen Balletttanz verlustierten sich der fürstliche Hof. Auch der Kurfürst konnte sich von seinen Ämtern loseisen und besuchte Adelaide oft. Beide fanden großen Gefallen am Heilbrunner Landleben – und der Erfolg ließ nicht lange auf sich warten: Ein Jahr später wurde Adelaide von ihrer Tochter Marie Christina entbunden. Nach weiteren zwei Jahre erblickte der heiß ersehnte Thronfolger Kurfürst Max Emanuel II. das Licht der Welt (insgesamt folgten noch sechs weitere Kinder). Überglücklich ließ das königliche Paar zum Dank für die Geburt des männlichen Sprösslings die Theatinerkirche errichten, und als Geschenk sozusagen »on top« gab es für die Kurfürstin Schloss Nymphenburg. Auch wenn Henriette Adelaide kein zweites Mal nach Heilbrunn reiste, ließ sie sich das gesunde Heilbrunner Wasser doch regelmäßig nach München liefern.

155 Jahre nach dem Tod der Kurfürstin ließ König Ludwig I. die Heilbrunner Quelle in Kurfürstin-Adelheid-Quelle umtaufen. Heute sind kaum noch Reste der einstigen Kur im Ort zu finden, und selbst der schöne Quellentempel musste Anfang des 20. Jahrhunderts einem moderneren Bau weichen – dennoch hat sich der Ort vor allem durch die großzügigen Grünflächen seinen Charme bis heute erhalten.

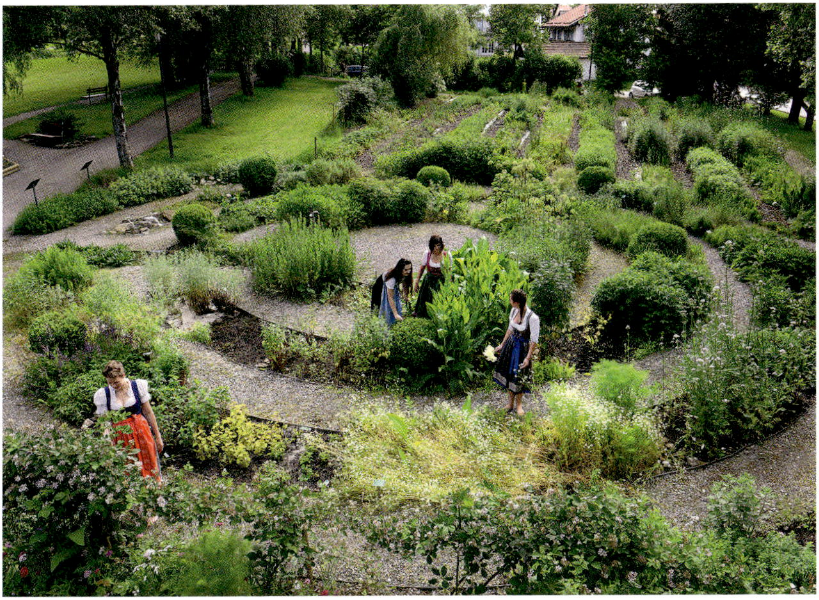

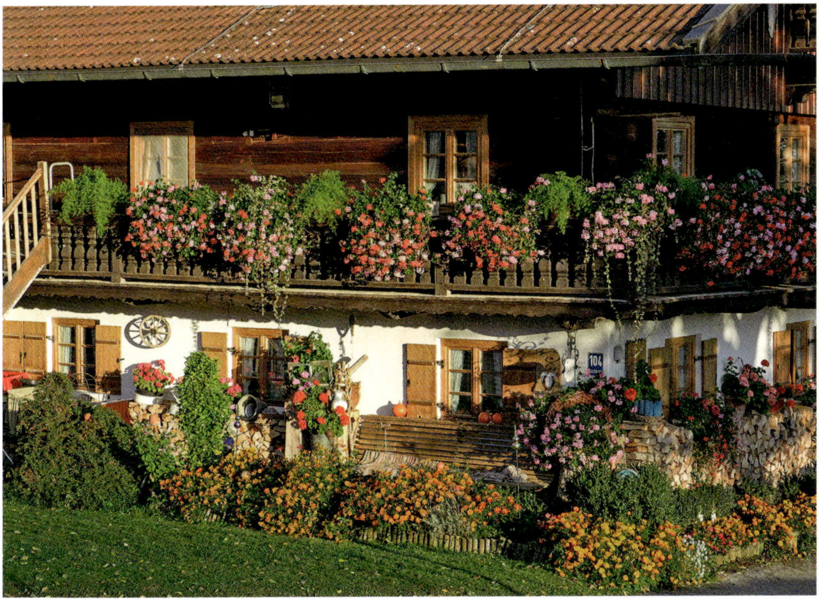

▲ Der Kräuter-Erlebnis-Park ist gerade in den Sommermonaten eine einzigartige Erfahrung.
▼ Auf dem Buchberg sind die Bauernhöfe üppig mit Blumen geschmückt.

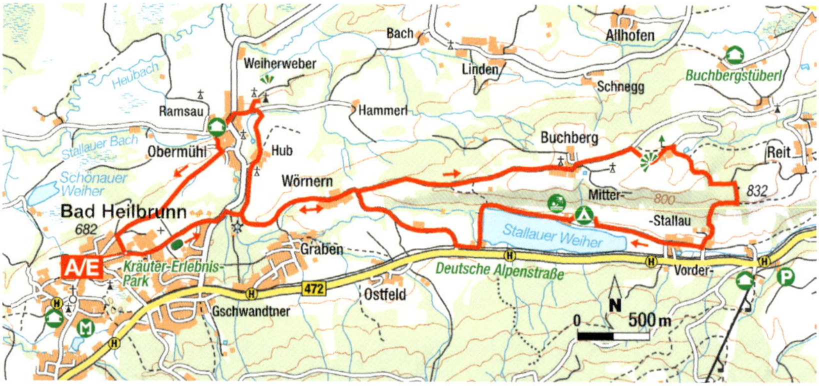

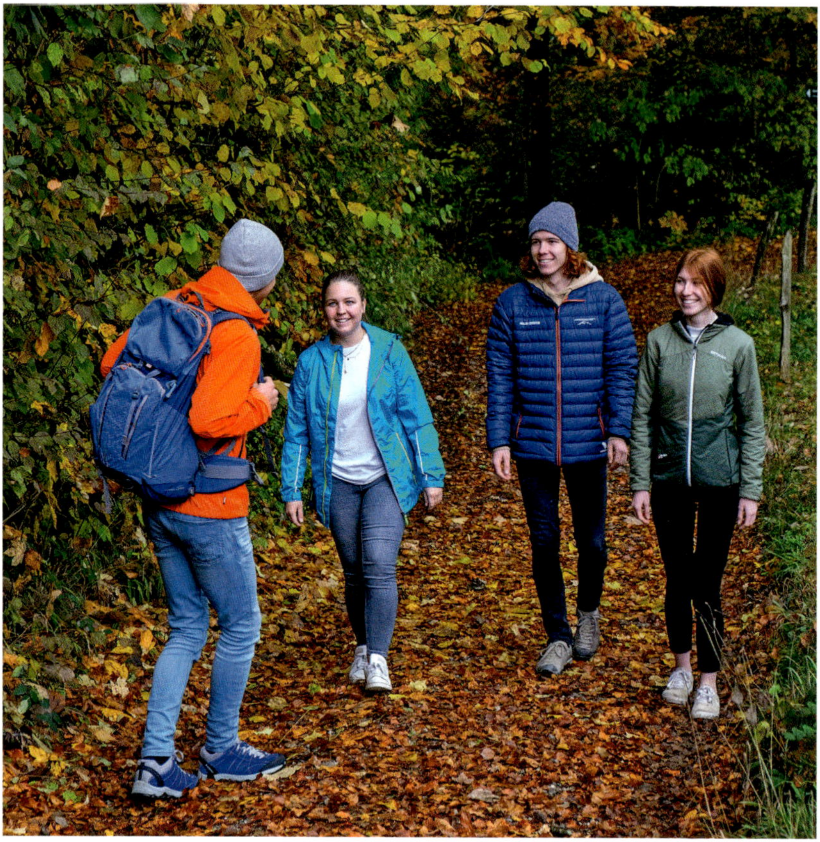

Feld- und Forstwege wechseln sich mit Pfaden ab, fast schon wie auf einer kleinen Bergtour.

Auf einen Blick

AUSGANGSPUNKT UND ANFAHRT

Bad Heilbrunn, Parkplatz am Kräuter-Erlebnis-Park;
GPS 47.748459, 11.458664
Auto: A 95 bis Ausfahrt Sindelsdorf/Bad Tölz, weiter Richtung Bad Tölz, dann durch Bad Heilbrunn und am Kreisverkehr links zur Ortsmitte abbiegen. Wenn die Straße dann eine Linkskurve macht, scharf rechts in den Wörnerweg abbiegen; kurz nach der Gästeinformation erreicht man auf der rechten Seite den gebührenpflichtigen Parkplatz des Kräutergartens.
Bus & Bahn: Bad Heilbrunn erreicht man mit dem Bus 9612 ab dem Bahnhof Bad Tölz, den man mit der Bayerischen Oberlandbahn (BOB) anfährt.

GEHZEIT UND SCHWIERIGKEIT

Mit 12 km Länge eine Halbtagestour von gut 3 Std. auf einen aussichtsreichen, aber doch recht unbekannten Voralpenhügel. Die 250 Hm überwindet man vorwiegend auf Forstwegen und Pfaden.

KRÄUTER-ERLEBNIS-PARK

Der Heilbrunner Kräutergarten ist frei zugänglich. Ein Rundgang lohnt sich vor allem in den späten Frühlings- und Sommermonaten, dann blühen und duften die Tee-, Wild-, Gewürz-, Duft- und Heilkräuter besonders gut. Es gibt sehr interessante, von Kräuterpädagoginnen geleitete Führungen.

ST. KILIAN

In die barocke Heilbrunner Pfarrkirche St. Kilian, die auf dem Hügel oberhalb der Quelle steht, sollte man unbedingt einen Blick werfen: In ihrem Inneren dreht sich auf den Deckenfresken auch vieles um das heilende Wasser.

EINKEHR

Unterwegs keine. Am Ende der Tour gibt es in Bad Heilbrunn mehrere Möglichkeiten, z. B. den Gasthof RamsAu in der Ramsau, das Café Kräutertopf oder die Parkvilla in der Ortsmitte.

INFORMATION

www.bad-heilbrunn.de

26

Bad Tölz und der Isarstausee

VON FLÖSSERN, KAUFLEUTEN UND EINEM BEDEUTENDEN ARCHITEKTEN

Der Münchner Architekt Gabriel von Seidl war genial – er baute repräsentative Wohnhäuser und aufwendige Schlösser und verlieh ganzen Städten ein harmonisches Bild. So gab er der Tölzer Marktstraße mit ihren Giebelhäusern ihr unverwechselbares Aussehen.

Wir starten in **Bad Tölz** an der Isarbrücke und wechseln auf die westliche Flussseite. Dort liegt das **Kurviertel**, wobei von der einst so florierenden Jodquellenkur nur noch der Kurgarten und das Kurhaus übrig geblieben sind – letzteres nebenbei auch ein Werk Gabriel von Seidls. Wer es besichtigen möchte, folgt der Badstraße aufwärts und passiert dabei die ebenfalls sehenswerte Franziskanerkirche mit ihrem Garten und dem Krippenmuseum.

Für unsere Wanderung bleiben wir jedoch an der Isar und spazieren auf der grünen **Uferpromenade** flussabwärts. Die Kalvarienbergkirche, das Wahrzeichen von Tölz, liegt auf der anderen Uferseite. Erst einmal gibt die Isar uns den Weg vor, und wir bleiben soweit möglich in ihrer Nähe. Langsam wird aus dem Fluss der **Isarstausee**, ein Nist- und Tummelplatz für zahlreiche Wasservögel. Wir verlassen Bad Tölz und queren am kleinen **Stauwerk** die Isar, wenden uns auf der anderen Seite nach rechts und wandern flussaufwärts wieder zurück. Wir bleiben rechts nahe an der Isar, und fern von jeglichem Straßenverkehr erreichen wir das nette **Café Moraltalm**, das sich für eine Pause anbietet.

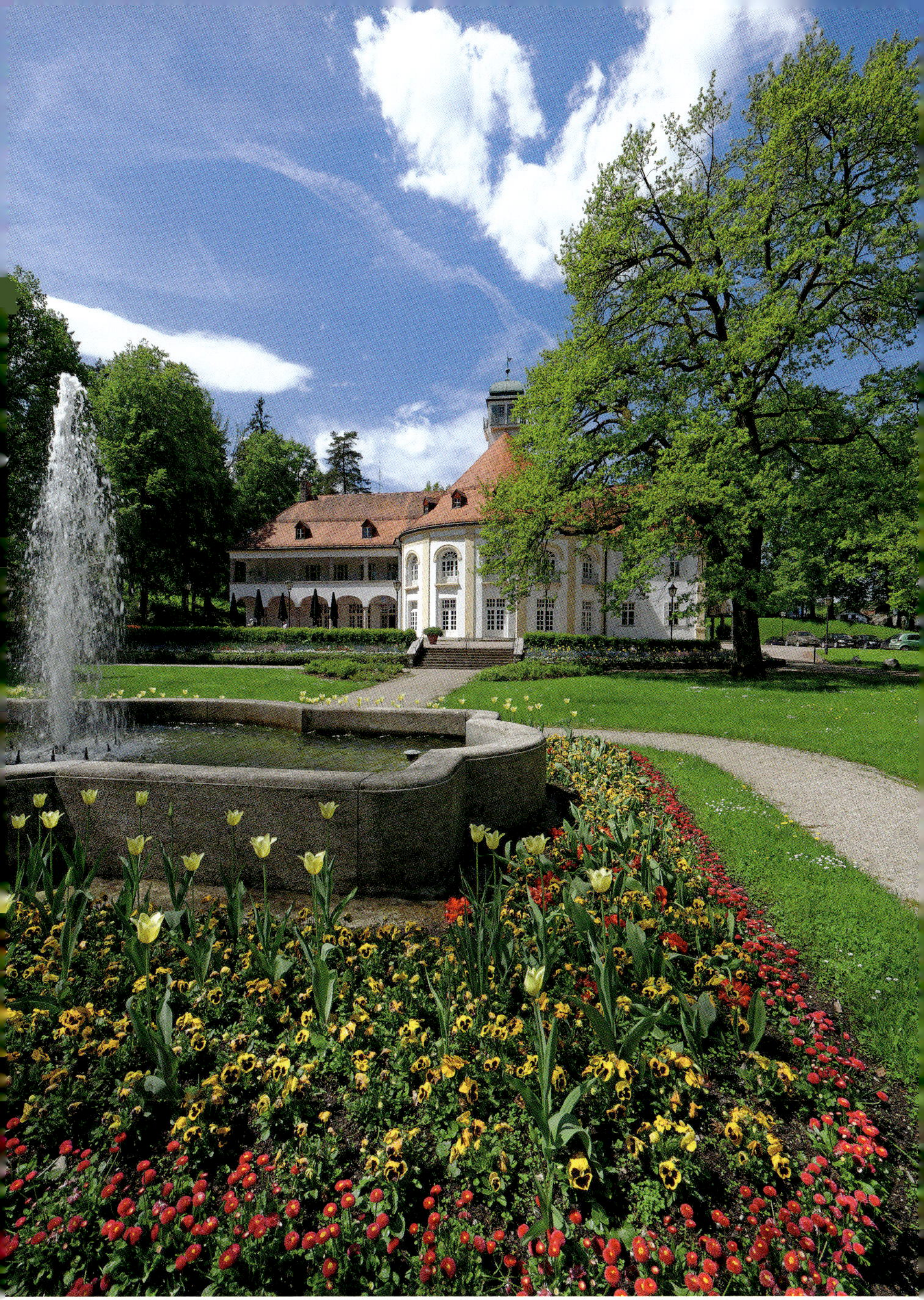

Auch das Tölzer Kurhaus, heute ein beliebter Veranstaltungsort, wurde von Gabriel von Seidl entworfen.

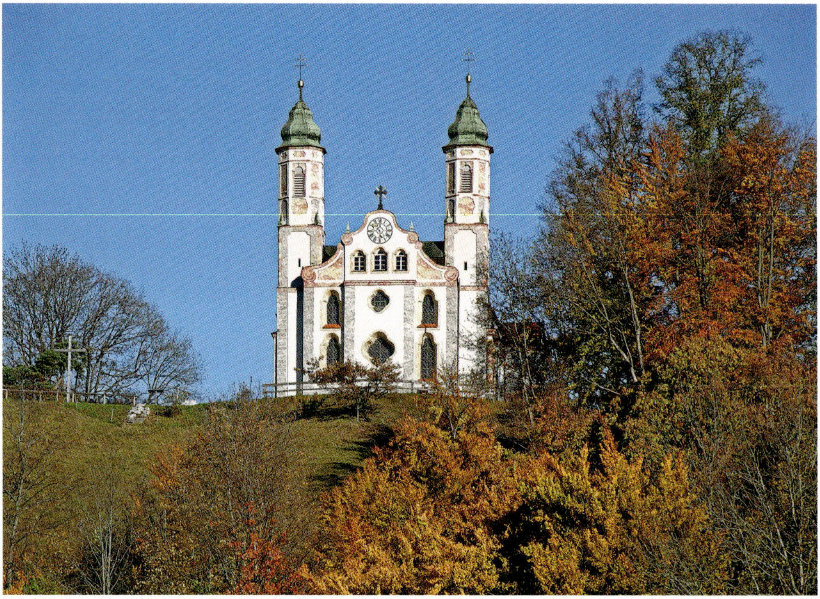

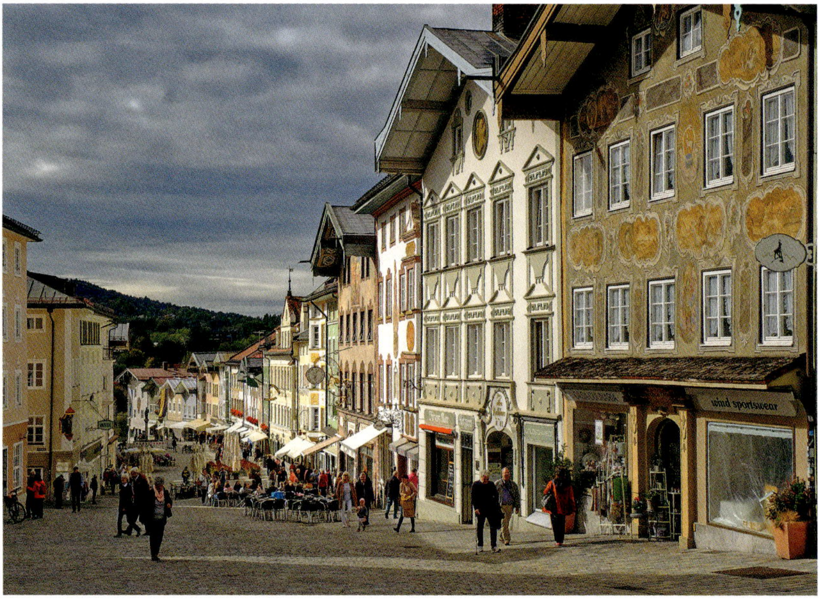

▲ Auf den Kalvarienberg führt die wohl bekannteste Leonhardifahrt Bayerns.
▼ Viele der Giebelhäuser in der Tölzer Marktstraße sind aufwendig mit Fresken bemalt.

Dahinter rechts haltend, wandern wir direkt auf die Rückseite des **Kalvarienbergs** zu. Auf der grünen Wiese unterhalb der Kirche lernten bis in die 1970er-Jahre hinein ganze Generationen von Tölzer Kindern das Skifahren. Uns Wanderer führt am rechten Rand der Wiese ein Steig nach oben, wo uns die **Kalvarienbergkirche** mit der daneben liegenden **Leonhardikapelle** erwartet und wir eine überwältigende Aussicht auf die Stadt und das Isartal genießen.

Nach der Schau-Rast steigen wir auf der anderen Seite über den Kreuzweg hinab und erreichen so über den Maierbräusteig die **Altstadt von Bad Tölz**. Die Nockhergasse querend kommen wir in die Marktstraße, deren Optik auf Gabriel von Seidl zurückzuführen ist. Übrigens stammen viele der Fresken an den Fassaden, wie z. B. das am Moralthaus (Nr. 57), vom »Hoichermaler« (s. Tour 27). Jetzt können wir ausgiebig das Flair der Fußgängerzone auf uns wirken lassen und uns dabei an der Genialität des Gabriel von Seidl erfreuen – kein modernes Gebäude stört das historische Ensemble, und jedes Haus hat seinen eigenen Charakter.

Schönster bayerischer Heimatstil

Aus der Münchner Brauersfamilie Sedlmayr stammend, wurde **Gabriel von Seidl** 1848 in München geboren. Er studierte zunächst Maschinenbau, schwenkte dann aber auf Architektur um. Seine Entwürfe müssen großen Eindruck gemacht haben, denn wenige Jahre, nachdem er in München ein Atelier eröffnet hatte, erhielt er von den beiden Malerfürsten Lenbach und Kaulbach jeweils den Auftrag, für sie eine Villa mit Atelier zu bauen. Eine große Ehre! Für Kaiser Wilhelm II. sollte er sogar die Burg Hohenzollern umbauen – ein Auftrag, den Seidl aber ablehnte, da er die Burg als »derart verpfuscht« ansah, dass er außer einem kompletten Neubau nichts anderes empfehlen wollte.

Bedeutung erlangte Seidl in Bad Tölz, als der Kurbetrieb viele Persönlichkeiten, wie z. B. die Fürstin Bismarck, Thomas Mann oder Mark Twain, in die Stadt lockte. Diese wollte sich daraufhin verändern, doch der Architekt Seidl konnte die Stadtoberen davon überzeugen, dass der historische Charakter der alten Marktstraße bewahrt und sogar verbessert werden müsse. So gab er den Kaufmannshäusern in der Marktstraße durch die alpenländischen Giebelfronten und Lüftlmalereien ein neues Gesicht und ließ das wunderbare Kurhaus, das ehemalige Rathaus, das Marienstift und das Hotel Kolbergarten errichten.

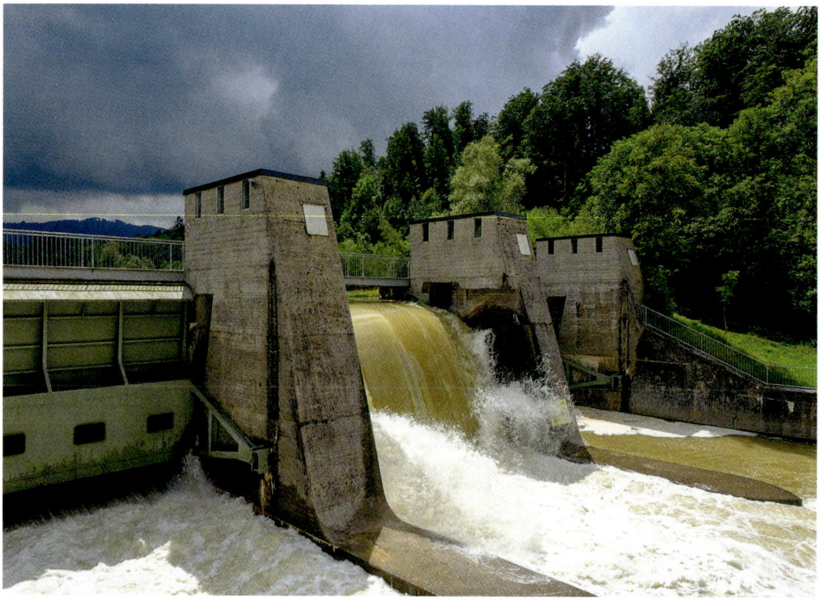

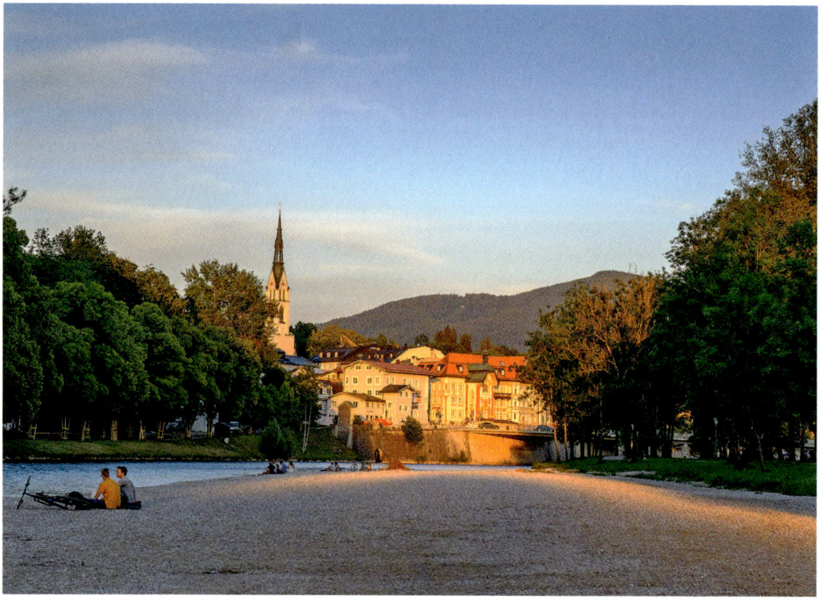

▲ Am kleinen Stauwerk queren wir die Isar.
▼ Die Kiesbänke unterhalb der Tölzer Altstadt laden im Sommer zum Verweilen ein.

Auf einen Blick

AUSGANGSPUNKT UND ANFAHRT

Bad Tölz, Isarbrücke;
GPS 47.760510, 11.556778
Bus & Bahn: Mit der BOB nach Bad Tölz und vom Bahnhof zu Fuß in 15 Min. durch die Bahnhof- zur Salzstraße und auf ihr über die Marktstraße zur Isarbrücke
Auto: Bad Tölz ist gut über die A 95, Ausfahrt Sindelsdorf, bzw. die A 8, Ausfahrt Holzkirchen, zu erreichen. Viele Parkmöglichkeiten in der Innenstadt, am besten und günstigsten ist das Parkhaus P3 in der Bockschützstraße an der Isar.

GEHZEIT UND SCHWIERIGKEIT

Mit gut 7 km und knapp 50 Hm eine zweistündige Wanderung mit Bademöglichkeiten in der Isar

NOCH WICHTIG

Die Tölzer Leonhardifahrt, ein Stadtfeiertag, findet jedes Jahr am 6. November statt (außer dieser fällt auf einen Sonntag). Hoch zu Ross und mit fast 80 handbemalten alten Truhen-, Tafel- und Motivwagen ziehen die Wallfahrer hinauf zum Kalvarienberg zu einer Messe – ein Ereignis, das wochenlange Vorarbeiten der Teilnehmer erfordert und viele Besucher aus Nah und Fern anzieht.

EINKEHR

In Bad Tölz gibt es zahlreiche Restaurants, Cafés und Wirtshäuser. Rund um den Jungmayrplatz herrscht mediterranes Treiben, dort ist die Dichte an Cafés und Bars am größten. Sehr nett und etwas versteckt liegt das Café im Süden in der Rathausgasse.

INFORMATION

www.bad-toelz.de

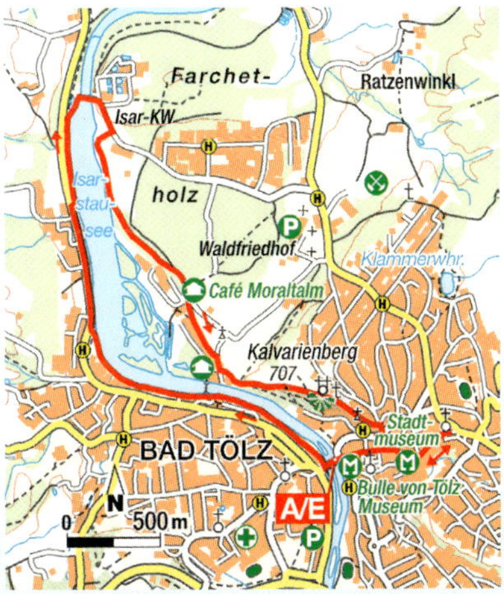

27

Von Königsdorf durch das Moor

SONNTAGSWANDERUNG ÜBER MORÄNENHÜGEL, FEUCHTWIESEN UND BÄUERLICH GEPRÄGTE FELDER

Niemals berühmt geworden, immer bescheiden geblieben und doch ein hervorragender und ausgezeichneter Maler, der zumindest in Königsdorf unvergessen ist: Auf dieser Tour wandern wir durch bäuerliche Landschaft und können so dem Genre des »Hoichermalers« Georg Demmel nachspüren.

Nur wer an einem Sonntag zwischen Mai und Oktober zu dieser Wanderung aufbricht, kann im kleinen Königsdorfer Heimatmuseum einige Originalgemälde von Georg Demmel besichtigen – da hat dieses am Vormittag geöffnet, und der Besuch des Museums noch vor der Wanderung lohnt sich. Anschließend laufen wir von der **Königsdorfer Kirche St. Laurentius** zur nahen Hauptstraße, die wir queren, bevor wir auf der anderen Seite nach wenigen Metern links in die Richtung Osterhofen ausgeschilderte Straße einbiegen. Zunächst geht es in den Ortsteil **Niederham**, wo unsere Osterhofener Straße zur Dorfstraße wird. Vorbei an einigen schönen Bauernhäusern biegen wir rechts in den Kapellenweg ein, halten uns nach den letzten Häusern rechts und wandern in einem Bogen in südlicher Richtung über die Felder.

Wir kommen in den Wald, passieren eine Scheune, die rechts von uns liegt, und wählen 100 Meter weiter den Weg nach links. Kurz darauf queren wir eine Straße, wandern wieder durch den Wald und bleiben bei einem Stadl geradeaus. Alsbald lichtet sich der Wald, und wir wandern über Feuchtwiesen.

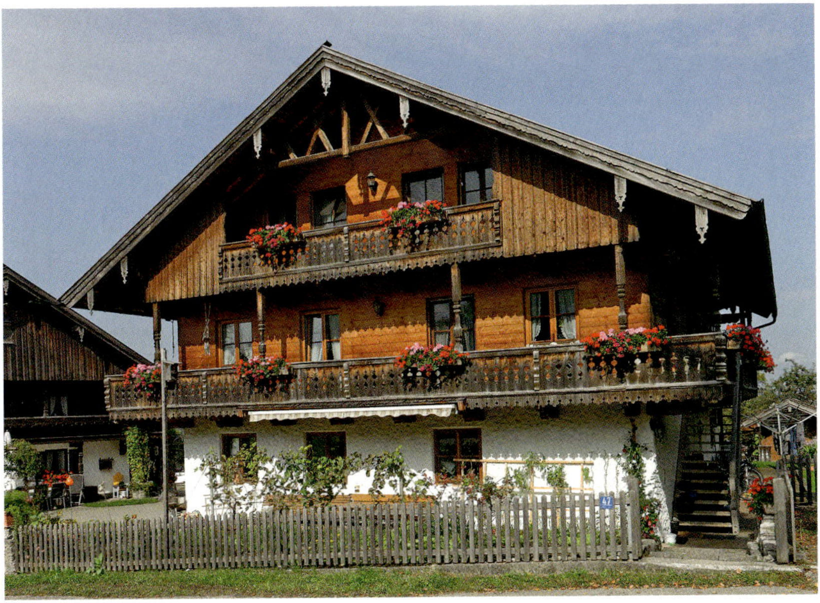

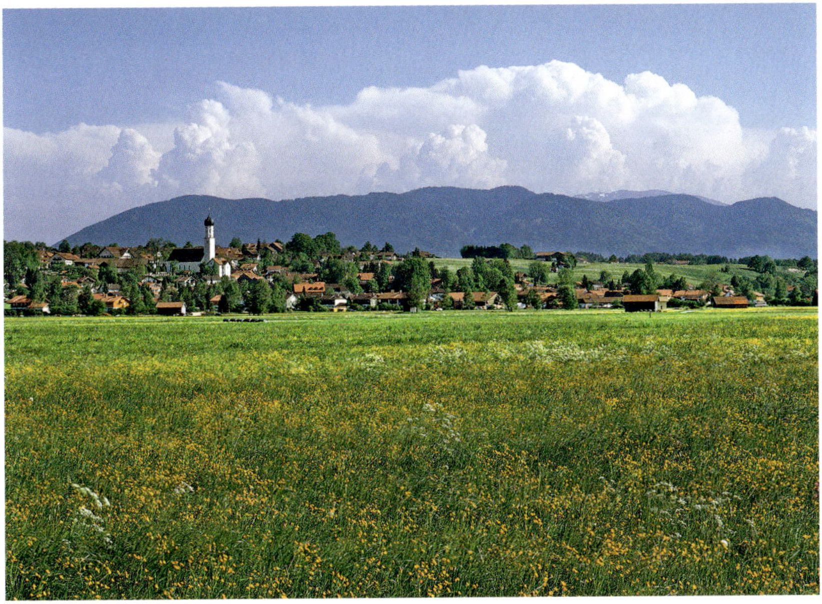

▲ Viele alte Bauernhöfe säumen die Strecke von Königsdorf über Niederham nach Osterhofen.
▼ Königsdorf mit seiner Pfarrkiche St. Laurentius vor den Münchner Hausbergen

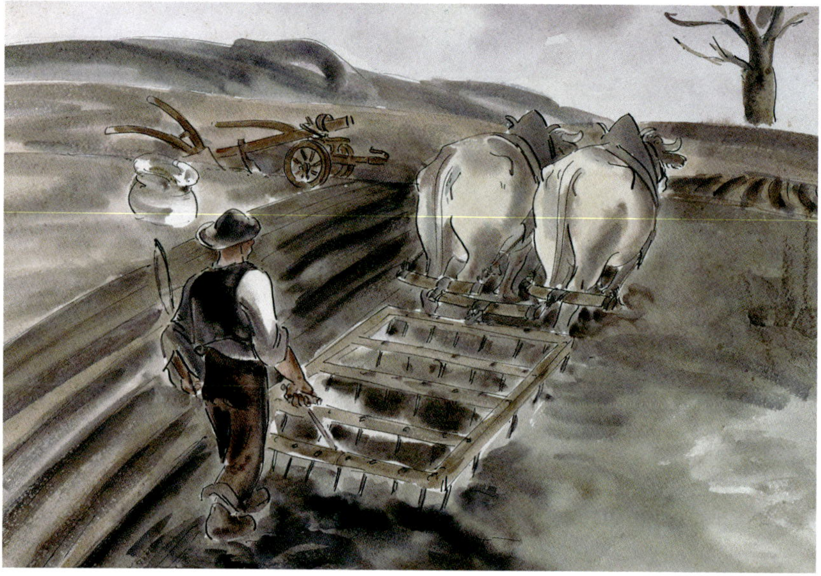

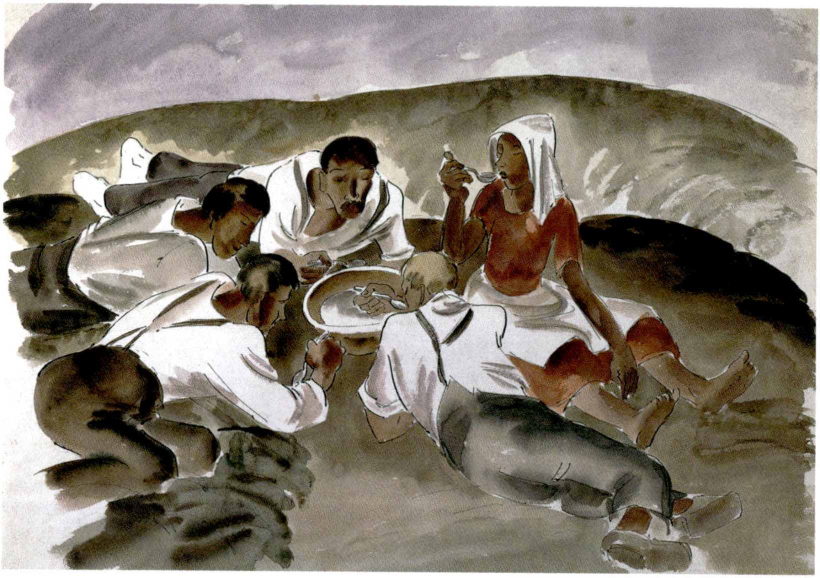

▲ Die Bilder des »Hoichermalers« verklären das Leben der Bauern nicht, sondern zeigen die meist harte Arbeit auf dem Land.
▼ Auch seine Farbwahl orientiert sich an den Erdtönen der Landschaft und reduziert dadurch seine Darstellungen auf das Wesentliche.

Der Weg wird schmäler, wir queren die Rottach, ein mäanderndes Wiesenbächlein, und erreichen leicht aufwärts **Rothenrain**, wo wir mit bester Aussicht im **Café Bolzmacher** einkehren können.

Für den Rückweg spazieren wir wieder zu den Häusern von Rothenrain, biegen dort links ein, passieren die Kapelle und folgen rechts haltend dem Sträßchen. So kommen wir schnell wieder in den Wald. Auch wenn wir auf einem Forstweg unterwegs sind, ist diese Straße nicht für Autos gesperrt, also Vorsicht! Meist sind wir aber völlig unbehelligt und einsam unterwegs und erreichen so leicht bergauf **Wolfsöd**. Dort biegen wir noch vor dem ersten Hof rechts ein und wandern kurz darauf wieder über Feuchtwiesen. Auch die Rottach queren wir erneut und kommen auf unserem Pfad in die Nähe einer Straße. Kurz bevor wir diese erreichen, halten wir uns rechts, wandern gleich darauf steil aufwärts und passieren einen einsamen Hof nebst Imkerei. Kurz bevor wir nach **Kreuth** kommen, halten wir uns rechts und passieren die Höfe auf ihrer Ostseite. Dann geht es noch einmal über Felder zu den Häusern von **Grafing**, dort links abwärts zur Kapelle und rechts entlang der Straße bis zum Ortsanfang von **Königsdorf**. Auf dem Fußweg entlang der Hauptstraße kommen wir zurück zur Kirche (oder wandern alternativ durch die Ludwigstraße zurück zum Ausgangspunkt).

Vom bäuerlichen Leben vergangener Zeiten

Emil Nolde, Max Pechstein, Heinrich Campendonk (s. Tour 24) und Max Beckmann sind alles bekannte Maler, die der Künstlervereinigung »Münchener Neue Secession« angehörten. Aber wer kennt schon **Georg Demmel**? Selbst für Wikipedia ist der 1899 geboren Königsdorfer ein unbeschriebenes Blatt, dabei wurde auch er 1935 in diese exquisite Gruppe expressionistischer Maler aufgenommen – eine große Auszeichnung, um die sich Georg aber sicherlich nicht selbst bemüht hatte.

Der bescheidene, zurückhaltende und ruhige Bauernsohn stammt aus einem Hof in der Königsdorfer Hauptstr. 38. Als Maler war er ein Naturtalent, der nur durch Zufall vom Münchner Kunstprofessor Josef Hillebrand entdeckt wurde. Dieser bat während einer Radtour im Hof der Demmels um etwas zu trinken. Dabei fielen ihm die ausgezeichneten Zeichnungen und Skizzen auf, die im Flur des Bauernhauses hingen. Und dieser Moment änderte einiges im

Leben von Georg Demmel: Er bekam die Chance, in München an der Kunstgewerbeschule zu studieren, wobei sich der Spagat zwischen dem Studium und der Arbeit auf dem Feld, im Stall und am Hof als nicht einfach erwies. Georg war zwar nicht der Hoferbe, aber um das Studium zu finanzieren und auf dem Hof leben zu dürfen, musste er daheim viel mitarbeiten. Kein Wunder, dass das Hauptmotiv in seinen Werken immer wieder das Leben und die Arbeit der Bauern beinhaltete. Er zeigte in Skizzen und Aquarellen die Mühsal dieser Zeit auf, in der die Technik auf dem Land noch keinen Einzug gehalten hatte. Nicht umsonst gilt Georg Demmel als bester Bauernmaler Deutschlands – sein malerisches Erbe ist gleichzeitig ein einmaliges Zeugnis des echten bäuerlichen Lebens aus dem vergangenen Jahrhundert.

Neben diesen Bildern betätigte sich Georg aber auch als Hinterglasmaler, Freskant und Lüftlmaler mit religiösen Motiven. An vielen Kirchen, Kapellen und Häusern von Königsdorf bis Berchtesgaden können wir seiner Kunst nachspüren. So finden wir hier in Königsdorf seine Bilder am Elternhaus, an der Raiffeisenbank und an der Schule. Georg Demmel starb 1972 als **»Hoichermaler«** (durch den Hausnamen seines elterlichen Hofs »Beim Hoicher«) in seinem Heimatdorf.

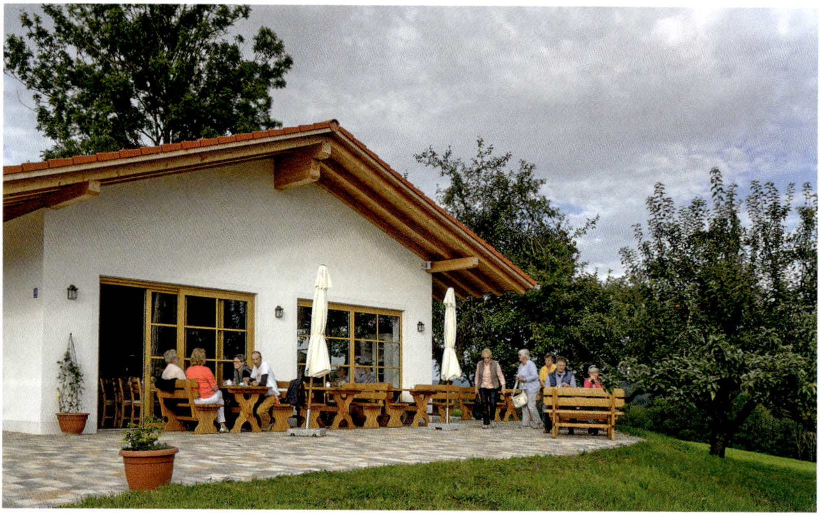

Im netten Bauernhofcafé Bolzmacher wird man in malerischer Lage mit feinstem Gebäck aus Konditormeisterhand verwöhnt.

Auf einen Blick

AUSGANGSPUNKT UND ANFAHRT

Königsdorf, Kirche St. Laurentius; GPS 47.816211, 11.479955

Bus & Bahn: Mit der S7 nach Wolfratshausen und weiter mit Bus 379 nach Königsdorf bis Haltestelle Ortsmitte

Auto: Königsdorf liegt an der B 11 südlich von Geretsried.

GEHZEIT UND SCHWIERIGKEIT

Mit knapp 12 km Länge benötigt man gut 3 Std. für die Wanderung, bei der im leichten Auf und Ab 130 Hm zusammenkommen. Die Strecke führt vorwiegend über Forst- und Feldwege, einige Abschnitte durch ein Moor, das besonders nach Regen feucht sein kann.

NOCH WICHTIG

Das Heimatmuseum in Königsdorf liegt hinter der Kirche. Es zeigt einige wenige Bilder des »Hoichermalers«, zudem jede Menge nette Objekte aus der lokalen Geschichte (geöffnet Anfang Mai bis Ende Okt. sonntags 9.30–12 Uhr).

ST. LAURENTIUS

In der Pfarrkirche St. Laurentius ist vom spätgotischen Tuffsteinbau durch die »Modernisierung« hin zum Rokoko nicht mehr viel zu sehen. Dafür freut man sich über zarten Stuck und ausdrucksstarke Fresken.

EINKEHR

Unterwegs kommen wir in Rotherain zum wunderbaren Bauernhofcafé Bolzmacher. In Königsdorf lockt das Posthotel Hofherr mit seinem Traditionsgasthof und hervorragender bayerischer Küche.

INFORMATION

www.gemeinde-koenigsdorf.de

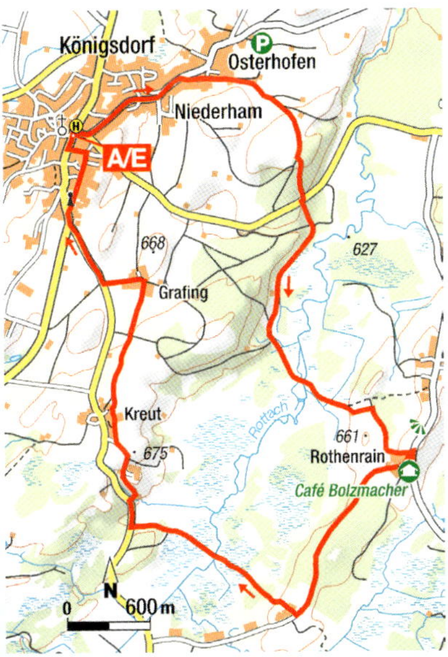

Register

Impressum

Verantwortlich: Sabine Klingan
Redaktion: Anette Späth
Layout: Eva-Maria Klaffenböck
Repro: LUDWIG:media
Kartografie: Bruckmann Verlag GmbH, Heidi Schmalfuß
Herstellung: Bettina Schippel
Printed in Slovenia by Florjancic

In diesem Buch wird aus Gründen der besseren Lesbarkeit das generische Maskulinum verwendet. Weibliche und anderweitige Geschlechteridentitäten werden dabei ausdrücklich mitgemeint, soweit es für die Aussage erforderlich ist.

Bildnachweis
Alle Bilder im Innenteil und auf dem Umschlag stammen von den Autoren.
Umschlagvorderseite: Holzhausen am Starnberger See
Umschlagrückseite: Herbstzeitlose im Murnauer Moos

Die Deutsche Nationalbibliothek verzeichnet diese Publikation in der Deutschen Nationalbibliografie; detaillierte bibliografische Daten sind im Internet über http://dnb.d-nb.de abrufbar.

ISBN: 978-3-7343-2303-4